Gustav Warneck

Pauli Bekehrung

Eine Apologie des Christentums

Gustav Warneck

Pauli Bekehrung
Eine Apologie des Christentums

ISBN/EAN: 9783744638197

Hergestellt in Europa, USA, Kanada, Australien, Japan

Cover: Foto ©Lupo / pixelio.de

Weitere Bücher finden Sie auf **www.hansebooks.com**

Pauli Bekehrung,

eine Apologie des Christenthums.

Inauguraldissertation

von

G. Warneck.

Druck von C. Bertelsmann in Gütersloh.

Ohne Zweifel hat A. Monod Recht, wenn er behauptet, daß „die wunderbare Umwandlung eines Saulus von Tarsen in einen Apostel Paulus nächst der Geschichte Jesu und der Ausgießung des heil. Geistes das wichtigste und größte Ereigniß der urchristlichen Zeit" ist.[1]

Liefern wir zunächst den Beweis für diese Behauptung, indem wir mit flüchtigen Strichen ein doppeltes Bild zeichnen: das des Saulus vor seiner Bekehrung und das des Paulus nach derselben.

Bei einem Akte tumultuarischer Volksjustiz, bei der Steinigung des Stephanus begegnen wir in den Neutestamentl. Berichten zum ersten Male Saulo von Tarsen. Jedenfalls hat der trotz seiner Jugend in der Secte der Pharisäer angesehene Saulus in der stürmischen Rathssitzung (act. 6, 12—7, 54), in welcher die Verurtheilung des ersten Märtyrers erfolgte, bereits eine hervorragende Rolle gespielt, aber die heil. Urkunde schweigt darüber. Sie macht uns mit dem jungen Pharisäer erst draußen auf dem Richtplatze bekannt, um uns mit einem einzigen charakteristischen Zuge sofort die ganze Größe und Intensivität seines Hasses gegen die Christen zu zeichnen: „Saulus — meldet sie — hatte Wohlgefallen an seinem Tode" (act. 8, 1 cf. 22, 20 dasselbe Wort $συνευδοκῶν$). Welche leidenschaftlich=erregte, fanatisch=vollendete Feindschaft setzt es voraus: sich zu weiden an den Qualen eines Opfers, das unter den Steinwürfen eines aufgeregten Pöbels sein Leben aushaucht! Fast einem Raubthier gleich, dessen Durst nach Blut zunimmt sobald es einmal davon gekostet, wartete nach dieser ersten Hinrichtung Saulus nicht ab bis neue Opfer dem Synedrio zugeführt wurden, er spürte sie vielmehr selbst aus, indem er „hin und her ging in die Häuser und Männer und Weiber hervorzog und sie überantwortete ins Gefängniß" (8, 3). Und nicht ein flüchtiger Rausch war dieser glühende, tödtliche Haß. Der Zerstörer der Gemeinde hielt an zu „schnauben ($ἔτι ἐμπνέων$) mit Drohen und Morden wider die Jünger des Herrn" (9, 1). Ja bald genügte es ihm nicht mehr die Seele der Verfolgung in und um Jerusalem zu sein, auch in den entfernten Städten wollte er die Bekenner des Namens Jesu verderben. Niemand hatte ihm dazu einen Auftrag gegeben, er bot sich selbst

---

[1] Der Apostel Paulus. 5 Reden. Elberfeld. S. 62.

an und „ging hin zum Hohenpriester und bat ihn (22, 5. 26, 12) um Briefe gen Damaskus, auf daß, so er etliche dieses Weges fände, Männer und Weiber, er sie gebunden führte gen Jerusalem" (9, 1 f.).

Weit und breit war daher der junge Saulus als der fanatischste Christenfeind bekannt. Ananias, der Damascener, als ihm der Herr den Auftrag giebt, sich zu ihm zu begeben, erwidert verwundert: „Herr, ich habe von vielen gehört, wie viel Uebles er deinen Heiligen gethan hat zu Jerusalem" (9, 13 f. cf. v. 21). Ja als er nach seiner Bekehrung aus Damaskus fliehend gen Jerusalem kam und „versuchte sich bei die Jünger zu machen, fürchteten sie sich alle vor ihm und glaubten nicht, daß er ein Jünger wäre" (9, 26). Und die Jünger kannten doch sonst kein Mißtrauen und waren hocherfreut über jeden Zuwachs der Gemeinde!

Oder sollte der Berichterstatter bei dieser Schilderung sich einer Uebertreibung schuldig gemacht haben? Aber was hätte er damit erreicht? Etwa eine Stützung und Stärkung des apostolischen Ansehens Pauli? Ich denke, zumal den Gegnern des Apostels gegenüber hätte kein verkehrteres Mittel in Anwendung gebracht werden können. Oder hätte der Verfasser der Apostelgeschichte die vorchristl. Vergangenheit Pauli so schwarz als möglich gemalt, weil er selbst ihm nicht wohlwollte? Im Gegentheil das ganze Buch ist Beweis, daß er sein Freund gewesen. Doch wir haben schlagendere Zeugnisse als solche Argumentationen für die historische Glaubwürdigkeit des angezogenen Berichts.

Zunächst sind uns in der Ap. Gesch. zwei Reden aufbehalten, in denen Paulus selbst über sein früheres Leben sich äußert. Zuerst seine Vertheidigungsrede vor dem jüdischen Volke zu Jerusalem (act. 22). „Ich habe diesen Weg verfolgt bis an den Tod. Ich band sie und führte sie ins Gefängniß beide Männer und Weiber" heißt es daselbst v. 3. Sodann die vor dem König Agrippa gehaltene Apologie. Hier bedient sich der Apostel viel stärkerer Ausdrücke: „ich meinte es bei mir selbst, ich müßte viel zuwider thun dem Namen Jesu von Nazareth, wie ich denn auch zu Jerusalem gethan habe, da ich viele Heilige ins Gefängniß verschloß, darüber ich Macht von den Hohenpriestern empfing und wenn sie erwürget wurden, half ich das Urtheil sprechen und durch alle Schulen peinigte ich sie oft und zwang sie zu lästern und war überaus unsinnig auf sie, verfolgte sie auch bis in die fremden Städte (v. 9—11).

Aber diese Berufung auf Zeugnisse Pauli in der Ap. Gesch. wird von den Gegnern ihrer Echtheit nicht gelten gelassen. Nun glücklicherweise fehlt es nicht an Selbstzeugnissen des Apostels in seinen Briefen. „Ihr habt ja wohl gehört — heißt es Gal. 1, 13 f. — meinen Wandel weiland im Judenthum, wie ich über die Maße verfolgte die Gemeinde Gottes und zerstörte sie 2c." (cf. Phil. 3, 6). Tief beschämt durch die ihm widerfahrne Gnade nennt sich der Apostel, der „mehr gearbeitet hat als die andern alle" (2 Cor. 11, 23) eine „unzeitige Geburt" ($\check{\epsilon}\kappa\tau\rho\omega\mu\alpha$) „den geringsten unter den Aposteln, als der nicht werth sei, daß er ein Apostel heiße, darum daß er die Gemeinde Gottes verfolget habe" (1 Cor. 15, 8 f. cf. Eph. 3, 8). Und indem er dem Timotheus, „seinem rechtschaffnen Sohne im Glauben," sein bewegtes Herz ausschüttet, sagt er von sich, daß er zuvor gewesen ein „Lästerer, Verfolger und Schmäher" und bezeichnet sich deshalb als den „vornehmsten unter den Sündern" (1 Tim. 1, 13 ff.).

Aus allen diesen — absichtlich so ausführlich mitgetheilten — Zeugnissen geht unwiderleglich hervor, daß Saulus mit einem Haß gegen Christenthum und seine Jünger erfüllt gewesen, wie er intensiver und fanatischer kaum möglich ist. Allerdings erklärt der nachmalige Apostel, daß er in jenem beklagenswerthen und tief bereuten Stadium seines Lebens „unwissend im Unglauben" gehandelt habe — aber er will diese als Milderungsgrund für seine ungeheure Schuld angeführten Worte nicht etwa in dem Sinne verstanden wissen, als habe er nicht mit vollem Bewußtsein und klarer Ueberlegung sein blutiges Verfolgungswerk getrieben, sondern nur damit ausdrücken, was act. 3, 17 — nach dem Vorgange seines Meisters Luc. 23, 34 — Petrus und er selbst act. 13, 27 und 1 Cor. 2, 8 in Bezug auf die Kreuzigung Christi zur Entschuldigung der Juden und ihrer Obersten sagt, nämlich daß ihm Christus noch ein unbekannter Mann gewesen und daß er sein Lästerer und Verfolger nicht geworden sein würde, wenn er ihn gekannt und an ihn geglaubt hätte. Wie weit dadurch die Schuld Sauli gemildert wird, gehört nicht in den Bereich unsrer jetzigen Untersuchung, jedenfalls hat seine Unwissenheit seinen Haß nicht gemildert, einen Haß, der aus eigenster, bewußtester Ueberzeugung hervorging und mit vollster Ueberlegung seine Opfer zum Tode führte. Der junge Pharisäer war kein blindes Werkzeug in den Händen des Synedriums. Es haben viel weniger die Hohenpriester ihn als er diese zum Mord der Christen aufgestachelt. Saulus war mehr als der Arm, der die Christenverfolgung ausführte, er war recht eigentlich die Seele derselben. Und zwar war er das wesentlich aus eigenem Antrieb. In der Schule des Gamaliel, zu dessen Füßen er saß (act. 22, 3), hätte er Billigkeit und Mäßigung gegen die Christen lernen müssen (5, 34—39). Woher nun ein solcher wuthschnaubender Christenfeind? Gal. 1, 14 giebt die Antwort, weil er ein übermäßiger Zelot für die väterlichen Ueberlieferungen war (περισσοτέρως ζηλωτὴς ὑπάρχων τῶν πατρικῶν μου παραδόσεων). Saulus haßte das Christenthum, weil er in ihm den gefährlichsten Feind des Judenthums sah. Er erblickte in Christo einen Gesetzesschänder und Gotteslästerer, der mit Recht gekreuzigt und durch diesen schmachvollen Tod als Lügenprophet öffentlich erwiesen war. Die Gerechtigkeit, welche der Nazarener forderte und die die pharisäische Gerechtigkeit als ungenügend zur Seligkeit bezeichnete, stand ihm im unversöhnlichen Gegensatze zu der δικαιοσύνη, für welche er als ein Zelot eiferte. Nicht blos das Kreuz war ihm ein „Aergerniß", sein jüdischer Gesetzeifer befand sich im unlöslichen Conflicte mit der evangelischen Heilslehre. In diesem Conflicte lag der Hauptgrund für seinen Haß, den der pharisäische Zelot für eine religiöse Pflicht hielt, mit deren Erfüllung er Gott einen Dienst zu leisten glaubte.

Und nun ein Blick in das Leben Pauli nach seiner Bekehrung.

Es ist allerdings kaum möglich mit wenigen Worten ein Bild zu entwerfen von der ganz außerordentlichen Wirksamkeit dieses größten unter allen Aposteln, der allein mehr gearbeitet hat als die andern alle, der „von Jerusalem an und umher bis an Jllyrien, (ja bis vor Rom und Spanien) alles mit dem Evangelio Christi erfüllet" (Röm. 15, 19 f.) und „sich sonderlich beflissen hat das Evan=

gelium zu predigen, wo der Name Christi noch nicht bekannt war" (2 Cor. 10, 15 f.), der nicht blos des einen oder andern Volkes sondern schlechthin der Heiden Apostel geworden, der — um mich Monod's begeisterter Worte zu bedienen — „wie ein geistlicher Riese die ganze heidnische Welt auf seinen mächtigen Schultern trägt und das ungeheure Reich, welches das größte und machtvollste Volk der Erde in 7 Jahrhunderten aufgebaut hatte, allein in einem Vierteljahrhundert umwandelt."[1])

Uebergehen wir gänzlich seine Wirksamkeit in Damaskus, Arabien, Jerusalem und Antiochien und vergegenwärtigen uns nur ganz flüchtig, wie er das weite römische Weltreich durcheilt, in welchem fast keine Provinz, ja keine größere Stadt sich findet, die nicht segensreiche Spuren seines apostol. Eifers aufzuweisen hätte. Auf seiner ersten Missionsreise geht er über Cypern nach Pisidien, Antiochien, Ikonien, Lystra, Derbe, Perge, Attalien, überall Juden und Heiden das Wort vom Kreuz verkündend, bald begeistert aufgenommen bald feindselig verfolgt, ein Mal vergöttert, ein andres Mal gesteinigt (act. 13 und 14). Zurückgekehrt nach Antiochien hat er keine Ruhe: Nach einem kurzen Besuche in Jerusalem tritt der rastlose Arbeiter seine zweite, viel ausgedehntere Missionsreise an (c. 15, 36. 18, 22). Zunächst durchzieht er die schon früher besuchten Gegenden Kleinasiens, überall die Brüder im Glauben stärkend und die Gemeinden organisirend und betritt dann den Boden Europas. In kurzer Zeit durcheilt er Macedonien und Griechenland, gründet in Philippi, Thessalonich, Beröa, Athen, Corinth christl. Gemeinden und begiebt sich dann zurück nach Jerusalem und Antiochien. Aber abermals nicht um wohlverdiente Ruhe zu genießen. Nach nur kurzer Rast unternimmt der unermüdliche Mann die dritte Missionsreise (18, 23—21). Von Ephesus aus, wo er einen längeren Aufenthalt benutzt um auch den umliegenden Orten Kleinasiens das Heil in Christo anzubieten, besucht er abermals Macedonien und Griechenland, begießt was er früher gepflanzt und pflanzt wo der Same des Evangelii noch nicht ausgestreut war. Zurückgekehrt nach Jerusalem wird er gefangen genommen, aber auch seiner Freiheit beraubt, fährt er fort das Reich des Herrn zu bauen, legt ergreifende Zeugnisse vor seinen Anklägern und Richtern ab (c. 21 und 26), rettet auf der Reise nach Rom seine Gefährten vom zeitlichen, etliche gewiß auch vom ewigen Tode (c. 27 und 28), predigt das Evangelium zu Rom, trägt den Namen Jesu bis vor des Kaisers Thron (c. 25, 12. 2 Tim. 4, 16 f. Phil. 1, 13 f. 4, 22), bringt, noch einmal in Freiheit gesetzt, auf einer vierten Missionsreise bis nach Spanien vor,[2]) bis endlich der Märtyrertod seinem rastlosen Wirken ein Ende macht!

Aber fast noch bewundernswerther als der ganz außerordentliche Umfang einer solchen Wirksamkeit ist die selbstlose Hingabe, die unwandelbare Treue, mit der sie geübt wurde. Seit seiner Bekehrung nennt sich Paulus nicht blos einen Knecht Jesu Christi, sondern er ist es auch und ist es ganz, alle Zeit und überall. Was er lebt, das lebt er Christo (Gal. 2, 10. 2 Cor. 5, 15). Alle Kraft Leibes und der Seele ist an seinen Dienst gesetzt,

---

[1]) A. a. O. S. 5.
[2]) Clementis ep. I ad. Cor. c. V: Παῦλος — — κῆρυξ γενόμενος ἔν τε τῇ ἀνατολῇ καὶ ἐν τῇ δύσει — — δικαιοσύνην διδάξας ὅλον τὸν κόσμον, καὶ ἐπὶ τὸ τέρμα τῆς δύσεως ἐλθών.

leben und Christo dienen ist dem Apostel ein und dasselbe. Gleich einem Lichte, das sich selbst verzehrt indem es brennt, so verzehrt sich Paulus im Dienste Christi. Alles hat er hingegeben um den Sohn Gottes zu gewinnen (Phil. 3, 7 ff.). Um Christum und seinen Dienst dreht sich sein ganzes Denken und Thun. Seine Dialektik wie seine Gemüthstiefe, seine Nüchternheit wie seine Begeisterung, seine Energie wie seine Langmuth, seine Klugheit wie seine Einfalt, seine Geschäftigkeit wie seine Contemplation, sein Muth wie seine Demuth, seine Strenge wie seine Milde — kurz die ganze Allseitigkeit seines reichbegabten Geistes, Herzens und Charakters ist an das Eine gesetzt, daß nur Christus verherrlicht und sein Reich gebauet werde, dieses Ziel verfolgt er bis zu seinem Tode mit einer Beharrlichkeit, die nie ermüdet. Ohne Unterlaß „lehret er daher öffentlich und sonderlich und läßt nicht ab einen jeden mit Thränen zu ermahnen" (act. 20, 19, 31). „Täglich wird er angelaufen und doch trägt er Sorge für alle Gemeinden, wo jemand schwach wird, da wird er auch schwach, wo jemand geärgert wird, da brennt er" (2 Cor. 11, 28 f. cf. 1 Cor. 9, 19 ff.). Ueber dem Größten vergißt er das Kleinste nicht, Keines Noth bleibt ihm fremd und ohne Unterlaß gedenkt er aller Brüder in seinem Gebete (Röm. 1, 9. Phil. 1, 3 f. Eph. 1, 16 f. 2c.). Jede Schwachheit findet an ihm einen liebevollen Träger, jedem Aergerniß tritt er entgegen mit brennendem Eifer, keine Selbstverleugnung ist ihm zu groß, daher wird er den Juden ein Jude, den Griechen ein Grieche und machte sich jedermann zum Knechte, daß er ihrer viel gewinne (1 Cor. 9, 19 ff. Röm. 9, 1 ff.).

Ja Paulus war ganz, war durch und durch ein Apostel, aber er war es nur, weil er ganz, weil er durch und durch ein Christ war. Sein persönl. Christenthum war die Seele seines apostol. Wirkens und sein apostolisches Wirken war lauter Förderung für sein persönliches Christenleben. Beständig „jagt er nach ($\delta\iota\omega\kappa\omega$), dem vorgesteckten Ziele nach, dem Kleinod, welches vorhält die himml. Berufung Gottes in Christo Jesu" (Phil. 3, 12—14) und aufs ängstlichste ist er besorgt, „daß er nicht selbst verwerflich werde, indem er andern predigt" (1 Cor. 9, 27 cf. v. 23). Jeder Pulsschlag ist der Erreichung dieses Einen Zieles gewidmet: nur selig (1 Cor. 10, 31. Phil. 2, 12. Col. 3, 17). Schonungslos kreuzigt er seinen alten Menschen, „auf daß der sündliche Leib aufhöre und er hinfort der Sünde nicht diene" (Röm. 6, 6), er „stirbt täglich" (1 Cor. 15, 31. cf. 2 Cor. 4, 10 f. 16). Unablässig ringt Paulus darnach geheiligt zu werden durch und durch (1 Thess. 5, 13) und weil er beständig wandelt vor dem Angesichte des Vaters seines Herrn Jesu Christi, führt er ein ununterbrochenes Gebetsleben. Dazu war „die Liebe Gottes durch den heil. Geist ausgegossen in sein Herz" (Röm. 5, 5) und in dieser Liebe lag die Triebkraft seiner ganzen Arbeit (2 Cor. 5, 14. 1 Cor. 13). Und bei dieser Vollkommenheit welche Demuth! Was er bereits erreicht hat kommt ihm wie nichts vor gegen das, was er noch erreichen möchte (Phil. 3, 13 f.), allen eignen Ruhm lehnt er aufs entschiedenste ab, was er ist und was er gethan schreibt er ganz allein der in ihm mächtigen Gnade Gottes zu (1 Cor. 15, 10. 2 Cor. 11, 30. 12, 5, 9. Gal. 1, 15 2c.). Niemand kann ein tieferes Gefühl und eine klarere Erkenntniß von der Größe der eignen Sündhaftigkeit und Ohnmacht und von der Souveränität und Allmacht der göttl.

Gnade haben als Paulus gehabt hat. Seit er in Christo die vor Gott geltende Gerechtigkeit durch den Glauben ergriffen, hat er, der nach dem Gesetz gewandelt untadelig alle eigne Gerechtigkeit ausgezogen (Phil. 3, 9) und lebt, was er lebt, nur im Glauben des Sohnes Gottes, der für ihn gestorben und auferstanden ist (Gal. 2, 20).

Und über dem allen was hat Paulus im Dienste seines Herrn gelitten! Wie er der größte Arbeiter Jesu gewesen, so darf man ihn kühnlich auch seinen größten Märtyrer heißen. Wollte man alle seine Leiden aufzählen, so müßte man die ganze Geschichte seines Lebens erzählen, denn seit seiner Bekehrung ist sein ganzes Leben ein fortgehendes Leiden um Christi willen (act. 9, 16). Man lese nur die Schilderung dieser Leiden 2 Cor. 11, 23—28! „Gott hat uns — heißt es weiter 1 Cor. 4, 9—13 — für die allergeringsten dargestellt als dem Tode übergeben. Wir sind ein Schauspiel geworden der Welt und den Engeln und den Menschen. Wir sind als ein Fluch der Welt und ein Fegopfer aller Leute." „Wir tragen um allezeit das Sterben des Herrn Jesu an unserm Leibe und werden immerdar in den Tod gegeben um Jesu willen" (2 Cor. 4, 10 f). Einem langsamen Sterben, ähnlich dem Kreuzestode Jesu, vergleicht der Apostel sein Leiden. Immerfort empfindet er die Bitterkeit des Todes, die andre nur Ein Mal empfinden. Und doch vermag selbst die Aussicht, allezeit, täglich sterben zu müssen, den Dienst Jesu ihm nicht zu entleiden. Er trägt seine vielen und großen Leiden nicht nur mit bewunderungswürdiger Geduld und Ergebung — er „rühmt sich sogar seiner Trübsale" (Röm. 5, 3). Was für einen unerschütterlichen Glauben an die Wahrheit des Evangeliums, was für eine unwandelbare Hoffnung des ewigen Lebens, was für eine unauslöschliche Liebe zu seinem Heiland muß Paulus besessen haben, daß selbst solche Riesenleiden ihn nicht muthlos, müde und verstimmt machen konnten!

Das ist in dürftigen Umrissen ein Bild des Apostels Paulus. In welchem Contraste steht es mit dem des Pharisäers und Verfolgers Jesu Christi Saulus! Feuer und Wasser, Tag und Nacht sind einander nicht mehr entgegengesetzt. Fast sollte man glauben, es könnte hier nicht von Einem und demselben Menschen die Rede sein, denn Paulus liebt mit glühender Seele, was Saulus haßt mit fanatischer Wuth, Paulus baut was Saulus zerstört, Paulus wird ein Märtyrer für dieselbe Sache, deren Anhänger Saulus mordet. Der pharisäische Uebereiferer für die väterlichen Ueberlieferungen ist der unermüdliche Apostel der Heiden, der engherzige jüdische Particularist der tapferste Vorkämpfer des christlichen Universalismus, der Gesetzesmensch ist ein Glaubensheld, der Mann, der mit der entschiedensten Energie die eigne Gerechtigkeit aus den Werken aufrichtete, ist der begeistertste Verkündiger der Gerechtigkeit aus Gnaden geworden!

Es bedarf keines Beweises weiter für die Wichtigkeit der Behauptung von der wir ausgegangen, daß die Umwandlung des Pharisäers und Verfolgers Jesu Saulus in den Apostel Paulus das wichtigste und größte Ereigniß der urchristl. Zeit ist und zwar nicht blos aus dem Grunde, weil auf dieser Umwandlung der Bestand der heidenchristl. Kirche ruht sondern weil sie selbst das überwältigendste Zeugniß von der Wahrheit und Kraft des Evangelii und dadurch die schlagendste Apologie des Christen=

thums ist. Es liegt in der Bekehrung Sauli von Tarsen eine Thatsache von weltgeschichtl. Bedeutung vor, eine Thatsache die durch ihre eminenten Consequenzen so constatirt und legitimirt ist, daß auch die negativste Kritik nicht daran denken kann, sie durch Zweifel zu erschüttern. Schon die bloße Thatsache, daß aus einem Saulus ein Paulus geworden ist, selbst wenn die Urkunden, die sie uns mittheilen, uns nicht in Kenntniß gesetzt hätten von einem zureichenden Grunde zu ihrer Erklärung, muß unwiderleglich den Beweis liefern, daß das Evangelium göttl. Kraft und göttl. Wahrheit ist, wie hätte es sonst aus einem ebenso scharfsinnigen wie energischen Feinde seinen unermüdlichsten, verständnißinnigsten, geistesmächtigsten Verkündiger zu machen vermocht! Um der Willenskraft eines Saulus die ganz entgegengesetzte Richtung zu geben dazu gehört göttl. Kraft und den Unglauben des scharfsinnigen Dialektikers in unerschütterliche Glaubensgewißheit zu verwandeln, das war nur möglich der göttl. Wahrheit. Es ist die Art Gottes seine Kraft und seine Wahrheit durch Thatsachen überzeugend zu erweisen. Wenn bis auf diesen Tag die lebendigen Christen die siegreichsten Apologeten des Christenthums sind, so darf man getrost die Bekehrung eines Saulus sammt dem Leben in der Nachfolge Christi, das sie wirkte, ein Meisterstück göttl. Apologetik nennen. Thatsachen, die in die Augen fallen gesteht auch die ungläubige Welt überzeugende Kraft zu, Thatsachen, sagt sie, beweisen. Wohlan hier ist eine Thatsache wie sie handgreiflicher und in die Augen fallender nicht gedacht werden kann: ein ebenso allseitig begabter wie fanatischer Feind Christi wird sein Freund und zwar sein so überzeugungstreuer und aufopferungsvoller Freund, daß er um seinetwillen alles für Schaden erachtet, 30 Jahre lang in seinem Dienste ein Märtyrerleben führt und den Tod so wenig fürchtet, daß er vielmehr Lust hat abzuscheiden um bei Christo zu sein (2 Cor. 5, 8. Phil. 1, 23). Der Apostel selbst macht von dieser apologetischen Beweiskraft, die gerade in seiner Bekehrung liegt, wiederholt Gebrauch (z. B. act. 22 und 26). So demüthigend für ihn auch die Erinnerung an seinen „Wandel weiland im Judenthum" sein mußte — in der klaren Erkenntniß, daß für andre ein Beweis von der göttl. Wahrheitskraft des Evangelii, die ihn überwunden, in ihr liege, unterzieht er sich dieser Demüthigung und es ist einleuchtend, daß der große Apostel dadurch Apologetik treibt „in Beweisung des Geistes und der Kraft", den Apologeten unsrer Zeit ebenso als Correctiv wie als Vorbild dienend.

Allein so lohnend und so instructiv für die Apologetik selbst es auch wäre in dem angedeuteten Sinne von der Bekehrung Pauli als von einer Apologie des Christenthums zu reden, so ist es doch dieser allgemeine Gesichtspunkt nicht, unter dem wir unser Thema zu behandeln gedenken. Wir verstehen unter der Bekehrung Pauli vielmehr im engeren Sinne seine Bekehrungsgeschichte, also weniger das Leben und Wirken in der Nachfolge Jesu, welches die Frucht der Bekehrung war, als wesentlich den Akt selbst, durch den sie zu Stande kam und behaupten, daß eben diese Bekehrungsgeschichte eine Thatsache von so eminenter apologetischer Bedeutung sei, daß man sie kühnlich als eine Apologie des Christenthums bezeichnen kann. Natürlich mußten wir zunächst die Frucht der Bekehrung kennen lernen, denn nur an der Größe dieser Frucht vermögen wir die Gründlichkeit der Bekehrung selbst zu ersehen. „Wie der

Baum so der Keim." Dem einzigartigen apostolischen Wirken wie dem vollkommenen persönlichen Christenthum Pauli muß eine Bekehrung vorausgegangen sein, die durch ihre Ganzheit und Entschiedenheit als Musterbekehrung gelten und „beinahe den Werth einer Theorie" beanspruchen darf und wesentlich unter diesem Gesichtspunkte bezeichnet sie Monod „nächst den Thaten Christi und des heil. Geistes als das größte Ereigniß des Urchristenthums".

Dabei ist aber noch ein sehr wichtiger Umstand nicht zu übersehen. Nach den uns vorliegenden Urkunden liegt zwischen der ungeheuren Umwandlung, die aus einem Saulus einen Paulus gemacht hat so gut wie keine Zeit (act. 9, 20 f. cf. Gal. 1, 16). Heute noch schnaubt Saulus mit Drohen und Morden wider die Jünger des Herrn und wenige Tage darauf ($ε\vartheta έως$) „predigt er öffentlich in den Schulen zu Damaskus Christum, daß derselbe Gottes Sohn sei" also daß sich „alle entsetzten, die es hörten und sprachen: ist das nicht, der zu Jerusalem verstörte alle, die diesen Namen anrufen und darum hierher gekommen, daß er sie gebunden führe zu den Hohenpriestern?"

Offenbar erfordert nun das logische Gesetz vom zureichenden Grunde, daß eine solche ebenso plötzliche wie gründliche Umwandlung eine Ursache gehabt haben muß, welche der Wirkung entspricht. Welche ist die Ursache? Wenn die Nacht sich in Tag verwandelt, so erklärt sich diese Veränderung einzig und allein durch das Aufgehen der Sonne. Soll die Bekehrung Pauli kein unbegreifliches Räthsel bleiben, so muß sie auf ein Ereigniß zurückgeführt werden, welches einem Sonnenaufgange in seinem Leben gleicht. Die Schrift berichtet uns von einem solchen Ereigniß. Ein dreifacher Bericht der Ap. Gesch. (cap. 9, 22, 26), der seine Bestätigung in mehr als einem Zeugnisse der Paulinischen Briefe findet (1 Cor. 9, 1. 15, 8. 2 Cor. 4, 6. Gal. 1, 1, 11 ff. 1 Tim. 1, 13 ff.) erzählt, daß als Saulus mit Vollmachten vom jüdischen Synedrio versehen und von einer zahlreichen Häscherschar begleitet schnaubend mit Drohen und Morden gen Damaskus zog, um die dortigen Christen gefangen nach Jerusalem zu führen, nahe bei der Stadt, mitten am Tage, ihn plötzlich ein Licht vom Himmel, heller als der Sonne Glanz umleuchtet habe. Als er, niedergefallen zur Erde die Stimme vernommen: „Saul, Saul, was verfolgst du mich?" habe er auf seine Frage: „Herr wer bist du?" die Antwort erhalten: „ich bin Jesus, den du verfolgst." Ueberwältigt von dieser Erscheinung des todtgeglaubten Nazareners sei er sofort zu der Ueberzeugung gekommen, daß sein bisheriger Weg ein Irrweg, der Glaube der Christen aber lautre Wahrheit, und dieser mit Macht sich ihm aufdrängenden Ueberzeugung habe der scharfsinnige und energische Mann auch alsobald seinen Willen unterworfen. Gehorsam der ihm gewordenen Anweisung nach Damaskus zu gehen, wo er erfahren werde, was er ferner thun solle, habe er, vollständig erblindet, sich in die Stadt führen lassen, 3 Tage ohne Nahrung im Gebete zugebracht, sei dann durch einen Judenchristen Namens Ananias, den ihm der Herr gesendet, wieder sehend gemacht und getauft worden und sofort als Verkündiger der christl. Lehre aufgetreten.

Dieses wunderbare Ereigniß ist ohne Zweifel ein durchaus zureichender Grund um die großartige Umwandlung des Saulus in einen Paulus befriedigend zu erklären. Die objective reale Christophanie statuirt nämlich eine Ur=

Sache, die der vorliegenden Wirkung vollkommen entspricht und da nun Wirkungen von unbestrittner Realität auch Ursachen gleichen Wesens haben müssen, so sollte man meinen, ließe sich gegen die geschichtliche Wirklichkeit der berichteten Christuserscheinung füglich kein Zweifel erheben. Dem ist indeß nicht also, sondern die Christuserscheinung vor Damaskus wird als **historische Thatsache** bestritten. Ehe wir also die apologetischen Consequenzen ziehen, die in ihr liegen, müssen wir eine Apologie ihrer selbst versuchen, denn erst wenn ihre **objective Realität** außer Zweifel steht, wird sie zu einer Apologie des Christenthums, d. h. **des Evangeliums von Jesu Christo**, wie es in den Urkunden des N. T. enthalten ist.

Zunächst also eine Apologie desjenigen Ereignisses, durch welches die Schrift die Bekehrung Pauli erklärt. Wir wollen sie zu liefern versuchen auf eine doppelte Weise: I) indem wir die Einwände prüfen, welche gegen die Realität der damascenischen Christophanie vorgebracht sind und bei ihrer Widerlegung positiv das Zeugniß der apostelgeschichtlichen Urkunde als geschichtlich zu erweisen suchen und II) indem wir diejenigen Versuche unsrer Kritik unterziehen, welche die Bekehrung Pauli erklären zu können meinen ohne jedes transcendente Ereigniß, und bei dieser Kritik den Nachweis unternehmen, daß nur ein solches zureichenden Grund für die in Rede stehende Umwandlung liefert.

Das nächste Angriffsobject bieten die **Differenzen** in den resp. Berichten der Ap. Gesch. Wären diese Differenzen von Bedeutung, d. h. beträfen sie den Kern der Sache und enthielten unlösbare Antinomien, so würden sie allerdings, wenn auch nicht gerade die völlige Ungeschichtlichkeit der gesammten Berichte beweisen, so doch jedenfalls einen starken Zweifel an ihrer historischen Glaubwürdigkeit rechtfertigen. Untersuchen wir also worin denn die qu. Differenzen bestehen. Ein Gegner[1]) der Historicität der Lukanischen Berichte hat sie erschöpfend also zusammengestellt:

1) act. 26, 14 sind auch die Begleiter Sauli mit ihm zur Erde **gefallen**, während sie nach 9, 7 **stehen bleiben** und Saulus **allein niederstürzt**.

2) act. 9, 7 haben die Begleiter zwar die **Stimme gehört** aber **niemand gesehen**, während sie nach 22, 9 zwar das **Licht sehen** aber die Stimme dessen, der mit Saulus redet, **nicht hören**.

3) act. 26, 16 ff. ist dem erschienenen Jesus ein Theil dessen in den Mund gelegt, was nach 9, 15 der Herr später zu Ananias und nach 22, 21 in einer spätern jerusalemischen Vision zu Paulus und nach 22, 14 Ananias zu Paulus gesagt hat.

Zuerst einige Bemerkungen **genereller Art**.

Es leuchtet sofort ein, daß die sämmtl. Differenzen den **Vorgang selbst in der Hauptsache durchaus nicht alteriren**. Völlig übereinstimmend wird nämlich in allen 3 Berichten gemeldet[2]):

---

[1]) Zeller: „Die Ap. Gesch. nach ihrem Ursprung und Inhalt kritisch untersucht" 1854. S. 197.
[2]) cf. Oertel: „Paulus in der Ap. Gesch." 1868. S. 42 f.

1) Die dem damascenischen Ereignisse vorhergehende fanatisch-feindliche Stellung Sauli zum Christenthum (9, 1. 22, 4. 26, 11).
2) Ort und Zeit der qu. Erscheinung (9, 3. 22, 5. 26, 12).
3) die wunderbare Beschaffenheit und objective Realität derselben, das plötzliche Licht vom Himmel, das Niederstürzen Sauli, das Gespräch mit Jesus (9, 3 f. 22, 6. 26, 13).
4) die Folgen des wunderbaren Vorgangs: Sauli Erblindung, Gang nach Damaskus, Taufe und sofortiges Auftreten als christl. Lehrer (9, 8, 18, 20. 22, 11, 15 f. 21. 26, 16, 19 f.).

Die Differenzen betreffen also in der That nur untergeordnete und Nebenumstände und aus ihnen auf die Ungeschichtlichkeit des ganzen Vorgangs zu schließen wäre mindestens eine große Leichtfertigkeit der Kritik. Gewiß hat sich dieselbe einer bis ins kleinste gehenden Akribie zu befleißigen, aber die Kritik darf doch nicht in — Krittelei ausarten. Sonst liebt es doch gerade die „historische Kritik" Pauli großes Wort: „Der Buchstabe tödtet, aber der Geist macht lebendig" (2 Cor. 3, 6) auf ihre Fahne zu schreiben, in solcher Krittelei handelt sie indeß wenig darnach, denn hier preßt sie den Buchstaben bis alle Geschichte getödtet ist.

Es geht mit der bibl. Geschichtserzählung wie mit jeder Geschichtserzählung: in Bezug auf einzelne Details divergieren manchmal die Referenten. Darf deshalb eine unbefangene historische Kritik aber die ganze Geschichte preisgeben? Man kann die Kritik nicht oft genug an das bekannte, gesunde Wort des großen Kritikers Lessing[1]) erinnern: „Wenn Livius und Polybius und Tacitus ebendasselbe Ereigniß, ebendasselbe Treffen, ebendieselbe Belagerung, jeder mit so verschiedenen Umständen erzählen, daß die Umstände des einen die des andern völlig Lügen strafen: hat man darum jemals, das ganze Ereigniß selbst, in welchem sie übereinstimmen, geleugnet? . . Wenn nun Livius und Dionysius und Polybius und Tacitus so frank und edel von uns behandelt werden, daß wir sie nicht um jede Silbe auf die Folter spannen, warum denn nicht auch Matthäus und Marcus und Lucas und Johannes?"

Gesetzt den Fall es stimmte bis auf die kleinsten Details alles zusammen, die Kritik wäre doch schwerlich zufrieden gestellt. Sie würde die Uebereinstimmung für eine künstlich gemachte erklären und „Tendenz" in den Berichten wittern. Einer vorurtheilsvollen Kritik, die — wie später zu zeigen ist — durchaus nichts Wunderbares als Thatsachen gelten zu lassen entschlossen ist, ist es auf keine Weise recht zu machen. Davor sollten indeß jedenfalls die qu. Differenzen schützen die Ap. Gesch. als eine „tendenziöse Veränderung des geschichtl. Thatbestandes" zu verdächtigen, denn da sie ohne Zweifel dem Verfasser derselben ebenso bekannt gewesen sind wie seinen Kritikern und er sie doch nicht beseitigt hat, so sind sie doch ein gewichtiges Zeugenmoment für die gewissenhafte Quellen.

Nur zur Specialuntersuchung. Die erste Differenz. Liest man unbefangen die Relation c. 9, 7: findet sich denn da der Ton auf „standen"

---
[1]) Siehe Tholuck: „Die Glaubwürdigkeit der evangelischen Geschichte" 1838. S. 435 f. Ueberhaupt zu vergleichen der ganze 5. Abschnitt des genannten Werks: „Ueber die Widersprüche in der evangel. Gesch. S. 429 ff.

($εἱστήκεισαν$) gelegt? Ruht er nicht vielmehr auf „erstarrt" ($ἐνεοί$)? Darf man also $εἱστήκεισαν\ ἐνεοί$ nicht für identisch mit „erschraken" ($ἔμφοβοι\ ἐγένοντο$) c. 22, 9 ansehen? Aber 26, 14 steht ausdrücklich: „Da wir nun alle zur Erde niederfielen" ($πάντων\ τε\ καταπεσόντων\ ἡμῶν$)! Auch wenn man den Gegensatz zwischen Stehen und Fallen premirt, unlöslich ist die Differenz durchaus nicht. Bei der Verwirrung, welche die Folge eines solchen außerordentlichen Ereignisses nothwendig sein mußte, konnte ein so geringfügiger Umstand, wie das Stehenbleiben oder Niederfallen der Begleiter leicht verschieden referirt werden. Am wenigsten hat ohne Zweifel der ganz mit dem ihm erscheinenden Jesus und mit sich selbst beschäftigte Paulus seine Begleiter ins Auge gefaßt und die Differenz in ihrem nachherigen Berichte erklärt sich leicht aus der Annahme, daß etliche, je nach ihrer räumlichen Entfernung von dem Mittelpunkte der Begebenheit stehen blieben, etliche — wahrscheinlich die meisten — niederstürzten, alle aber — und das ist doch die Hauptsache — bekommen einen gewaltigen Eindruck als von einer außerordentlichen Erscheinung.

Die zweite Differenz ist nur scheinbar. Es heißt ja nicht c. 9, 7: „sie sahen nichts" ($μηδέν$), dann freilich wäre ein offenbarer Widerspruch mit 22, 9 vorhanden: $οἱ\ δὲ\ σὺν\ ἐμοὶ\ ὄντες\ τὸ\ μὲν\ φῶς\ ἐθεάσαντο$, sondern es steht da: niemand ($μηδένα$); also nur die Gestalt des Erscheinenden sahen die Begleiter nicht. Saulo, nicht seinen Begleitern wollte Christus erscheinen ($ὤφθην\ σοι$ 26, 16). Ganz ebenso verhält sich's in Bezug auf das verschieden referirte Hören. Wir lesen 22, 9 nicht: sie hörten nichts, sondern $τὴν\ δὲ\ φωνὴν\ οὐκ\ ἤκουσαν\ τοῦ\ λαλοῦντός\ μοι$. Es ist aber etwas anderes $ἀκούειν\ τὴν\ φωνήν$ und $ἀκ.\ τῆς\ φωνῆς$, wie 9, 7 geschrieben steht. Die Stimme des mit Saulus redenden Jesus hörten die Begleiter nicht, d. h. den Inhalt der Rede verstanden sie nicht. Hingegen etwas von einer Rede, den Ton, Klang, Hall einer Stimme vernahmen sie wohl. „Da diese Erscheinung nach ihrer Natur — bemerkt zur Erklärung dieses Räthsels einer unsrer größten Kirchenhistoriker[1]) — nicht nach den Gesetzen der gewöhnlichen irdischen Mittheilung und Wahrnehmung sich beurtheilen läßt, so kann dieses, daß Paulus und seine Begleiter nicht dasselbe wahrnehmen, gegen die objective Realität der Erscheinung nichts beweisen. Wir kennen das Gesetz nicht, nach welchem Mittheilungen aus der höheren Geisterwelt an die in der Sinnenwelt lebenden Menschen stattfinden, um darüber etwas bestimmen können" und fügen wir hinzu zugleich auf Joh. 12, 28—30 hinweisend: zur Perfection einer göttl. Offenbarung gehört nicht blos die Stimme eines Redenden sondern auch das Ohr (das geöffnete, vernehmungsfähige und =willige Organ) eines Hörenden. Dieses Gott geöffnete Ohr (cf. Psalm 40, 7) besaß Paulus, aber nicht seine Begleitung.

Was endlich die 3. Differenz betrifft, so ist sie wenn auch nicht ganz zu beseitigen doch auf ein sehr geringes Maß zu reduciren. Zunächst ist in Bezug auf 26, 16 ff. zu bemerken, daß der Apostel dem König Agrippa gegenüber die ihm theils zu Damaskus durch Ananias (9, 15 f. 22, 14 f.), theils in

---

[1]) Neander: „Gesch. der Pflanzung und Leitung der christl. Kirche durch die Apostel" 1847. 1 p. 147 Anm. 1.

einer Vision zu Jerusalem (22, 21), theils in andern Offenbarungen (26, 16: ὧν τε ὀφθήσομαί σοι cf. Gal. 1, 11 f., 1 Cor. 11, 23. 15, 3) gewordenen Mittheilungen Jesu offenbar zusammenzieht. Diese Zusammenfassung konnte der Berichterstatter um so unbedenklicher adoptiren, als er an dieser Stelle die qu. Geschichte zum dritten Male referirte, der Apostel aber konnte sie sich erlauben, da er in der Rede des Ananias wirklich eine Rede Jesu vor sich hatte (9, 11) und dem Agrippa gegenüber eine Erwähnung des vermittelnden Organs nicht bedurfte. Anders stand die Sache bei der vor dem jüdischen Volke zu Jerusalem gehaltenen Apologie (22, 11). Hier wurde die Vertheidigung wesentlich unterstützt durch die Einführung des Ananias, „des nach dem Gesetze gottesfürchtigen Mannes, der ein gut Gerücht hatte bei allen Juden, die zu Damaskus wohnten" (v. 12). Was er dann v. 13—16 den Ananias sagen läßt, befindet sich in voller Uebereinstimmung mit 9, 17, nur daß es diese kürzere Relation durch einige exegetische Zusätze ergänzt.

Der Rest unausgeglichener Divergenzen ist also äußerst geringfügig und um so weniger geeignet den geschichtlichen Thatbestand zu alteriren, als die entscheidenden Hauptmomente in jeder Relation nachdrücklich hervorgehoben sind. Bedenken wir endlich daß durch eine dreifache Relation, drei Mal kurz hintereinander in Einem und demselben Buche dieselbe Sache feierlich bezeugt wird, so muß dieser Umstand den kleinlichen Abweichungen das ihnen von der Kritik beigelegte Gewicht um so mehr nehmen, als es natürlich ist, daß dergleichen unbedeutende Verschiedenheiten beinahe mit Nothwendigkeit jede mehrfache, an verschiedene Adressen gerichtete und unter verschiedenen Gesichtspunkten erstattete Relation begleiten wird.

Allein man glaubt einen ganz andern als den in den Berichten der Ap. Gesch. selbst enthaltenen Widerspruch gegen die Realität der qu. Christophanie geltend machen zu können, nämlich einen Widerspruch des Paulinischen Zeugnisses selbst mit der apostelgeschichtl. Relation. Baur[1]), der Altmeister der kritischen Schule, sieht in der letzteren wesentlich eine mythische Tradition, d. h. „daß ein ursprünglich Subjectives und innerlich Gedachtes sich allmälig äußerlich subjectivirt habe." Wir constatiren zunächst, daß mit dieser Behauptung der Kritiker in einen seltsamen Widerspruch mit sich selbst geräth. Während er nämlich sonst dem Verfasser der Ap. Gesch. den Vorwurf einer „absichtlich tendenziösen" Geschichtschreibung macht, während er von dem Zusammentreffen Pauli mit Ananias ausdrücklich behauptet,[2]) daß es „nicht als das zufällig entstandene Product der mythischen Tradition sondern nur als eine „aus bestimmter Absicht hervorgegangene freie Composition" angesehen werden könne, während er[3]) von den Differenzen in den 3 Relationen erklärt, daß sie nur aus einem ganz bestimmten Pragmatismus des Autors herzuleiten seien — wird plötzlich die Christuserscheinung als mythische Tradition, d. h. als ein durch die absichtslos dichtende Sage

---

[1]) „Der Apostel Paulus" S. 67.
[2]) A. a. O. S. 81.
[3]) S. 61 ff.

allmälig sich äußerlich verobjectivirter innerlicher Prozeß aufgefaßt. Begnügen wir uns indeß vorläufig mit der Constatirung dieses Widerspruchs als einer sehr lehrreichen Erscheinung, die deutlich zeigt — mit welcher Willkür die „historische Kritik" die vorliegenden Quellen behandelt, wie verlegen, wenn es gilt ihre geschichtl. Glaubwürdigkeit zu entkräften: was durch „Tendenz" nicht zu beseitigen, das fällt dem „Mythus" zum Opfer und umgekehrt, eine Scylla und Charybdis, vor der keine Geschichte sich retten kann.

Unterwerfen wir denn „die mythische Tradition", diese ultima ratio criticorum einer flüchtigen Prüfung. Zunächst — dünkt uns — fehlt ihr der unentbehrliche, den Ereignissen fernstehende Berichterstatter. Nach der einstimmigen Ueberlieferung ist die Ap. Gesch. das Werk des Lucas, der von Paulus ausdrücklich als Freund und Gefährte seiner römischen Gefangenschaft bezeichnet wird (Col. 4, 14). Hat aber der Verfasser der act. dem Paulus so nahe gestanden, hat er ihn theilweise auf seinen Reisen begleitet (act. 16, 10 — c. 21), wird er nicht durch den Apostel selbst über den wichtigsten Vorgang seines Lebens, über die Gesch. seiner Bekehrung Mittheilungen erhalten haben und wenn dies der Fall — woher mythische Tradition? Gesetzt aber — was zu erweisen der Kritik noch keineswegs gelungen ist — Lucas wäre nicht der Verfasser, müßten wir als solchen nicht jedenfalls einen Mann annehmen, der über das Leben Pauli vor wie nach seiner Bekehrung die Aufzeichnungen von Augen= und Ohrenzeugen benutzt hat? Folgt das nicht mit Evidenz aus den bekannten „Wir"=Stücken (16, 10 ff.)? Ohne Zweifel ist der Verfasser der Ap. Gesch. doch auch der Schreiber des 3. Evangeliums (act. 1, 1). Dürfen wir nun von einem Manne, der feierlich versichert, daß er die Mittheilungen über das Leben Jesu $\kappa\alpha\vartheta\grave{\omega}\varsigma\ \pi\alpha\varrho\acute{\epsilon}\delta o\sigma\alpha\nu\ \mathring{\eta}\mu\tilde{\imath}\nu\ o\mathring{\iota}\ \mathring{\alpha}\pi'\ \mathring{\alpha}\varrho\chi\tilde{\eta}\varsigma$ $\alpha\mathring{\upsilon}\tau\acute{o}\pi\tau\alpha\iota\ \kappa\alpha\grave{\iota}\ \mathring{\upsilon}\pi\eta\varrho\acute{\epsilon}\tau\alpha\iota\ \gamma\epsilon\nu\acute{o}\mu\epsilon\nu o\iota\ \tau o\tilde{\upsilon}\ \lambda\acute{o}\gamma o\upsilon,\ \pi\alpha\varrho\eta\kappa o\lambda o\upsilon\vartheta\eta\kappa\grave{\omega}\varsigma$ $\mathring{\alpha}\nu\omega\vartheta\epsilon\nu\ \pi\tilde{\alpha}\sigma\iota\nu\ \mathring{\alpha}\kappa\varrho\iota\beta\tilde{\omega}\varsigma\ \kappa\alpha\vartheta\epsilon\xi\tilde{\eta}\varsigma$ (Luc. 1, 2 f) geschrieben, dürfen wir von einem solchen Manne nicht voraussetzen, daß er bei den Mittheilungen über das Leben Pauli nach denselben Grundsätzen und mit derselben Akribie werde verfahren sein? Woher also die mythische Tradition? — Die Ap. Gesch. schließt nicht mit dem Tode Pauli. Mit seiner Gefangenschaft in Rom bricht sie plötzlich ab, weitere Mittheilungen über das Schicksal des Apostels, obgleich der Leser ihnen mit Spannung entgegen sieht, nicht machend. Den Grund für diese seltsame Thatsache kann eine vorurtheilslose, nüchterne Kritik, doch nur darin finden, daß das Schicksal Pauli eben noch nicht entschieden war, daß Paulus noch lebte, als die Ap. Gesch. geschrieben wurde. Ist die Erklärung aber richtig, woher, fragen wir abermals, die mythische Tradition?

Dieser letzte Umstand führt uns zu einer zweiten wichtigen Instanz: es fehlt für die sich allmälig bildende mythische Tradition die Zeit. Sofort nachdem Paulus ein Christ geworden verbreitet sich die wunderbare Geschichte seiner Bekehrung allenthalben. Jedenfalls wurde sie zu Lebzeiten des Apostels in allen Gemeinden erzählt, so daß dieser sich auf sie als auf ein ganz bekanntes Ereigniß berufen und durch diese Berufung seine apostol. Autorität erweisen konnte. Würden die zahlreichen Gegner des Apostels, um sein ihnen unbequemes Ansehen zu brechen, dem wunderbaren Ereignisse, dem seine Bekehrung wie Apostelwürde zugeschrieben wurde, den mythischen Wundernimbus nicht genommen haben? Vor allem aber, da Paulus selbst den wunderbaren, äußern Vorgang aufs entschiedenste behauptet, mußte man ihn nicht selbst entweder als den Vater oder doch als den geflissentlichen Verbreiter dieses Mythus betrachten und ihn also zu einem absichtl. Fälscher machen, eine Annahme, die nicht blos im Widerspruche mit dem Begriff des Mythus steht sondern auch eine durchaus unhaltbare Verdächtigung des Charakters Pauli ist? Endlich aber — angenommen, es läge eine mythische Tradition, also eine post eventum gewordene Geschichte vor, woher der eventus selbst? Die Bekehrung Pauli ist doch eine Thatsache und nicht selbst ein Mythus, wo bleibt also der zureichende Grund zur Erklärung dieser Thatsache? Die Mythustheorie ist also nichts als ein Versteckenspielen, sie leugnet wohl die Realität des qu. Ereignisses, aber sie setzt kein Aequivalent an seine Stelle.

Doch vielleicht haben wir den Begriff: „mythische Tradition" zu sehr premirt und der der Ap. Gesch. gemachte Vorwurf beschränkt sich darauf, daß sie nur zwischen äußeren und inneren Vorgängen nicht zu unterscheiden vermöge. Allein schon ein Blick in die Geschichte der Bekehrung Pauli beweist das Gegentheil. Nachdrücklich wird nämlich sowol von der dem Ananias gewordenen Christuserscheinung, wie von der dem erblindeten Saulus gewordenen Ananiaserscheinung hervorgehoben, daß sie nicht objectiv-reale Wirklichkeiten sondern „Gesichte" gewesen (9, 10, 12), desgl. wird von der Christuserscheinung zu Jerusalem (22, 17) gesagt, sie sei dem Apostel in der „Entzückung" $\dot{\varepsilon}\nu$ $\dot{\varepsilon}\varkappa\sigma\tau\acute{\alpha}\sigma\varepsilon\iota$) geworden. Wo bleibt nun die Unterscheidungsunfähigkeit der Ap. Gesch., da derselbe Bericht, welcher die Erscheinungen blos $\dot{\varepsilon}\nu$ $\dot{o}\varrho\acute{\alpha}\mu\alpha\tau\iota$ und $\dot{\varepsilon}\nu$ $\dot{\varepsilon}\varkappa\sigma\tau\acute{\alpha}\sigma\varepsilon\iota$ ausdrücklich kennzeichnet, die übrigen wunderbaren Vorgänge unzweideutig als äußerliche, objectiv-reale Wirklichkeiten erzählt, wie durch das Staunen der Begleiter, das Niederfallen und Erblinden Pauli überdieß außer allen Zweifel gesetzt wird? Und wie in der Bekehrungsgeschichte Pauli, so finden wir diese Unterscheidung durchgehends in der Ap. Gesch. Oft genug berichtet sie von Erscheinungen, die allerdings nicht — wie die Kritik will — bloße Erzeugnisse der eignen Phantasie, also nur subjectiv-innerliche Vorgänge sondern göttlich gewirkte, reale Offenbarungen aber doch keine objectiv-factischen Wirklichkeiten sind, sondern nur Scheinexisten; haben und als dem Geiste vorgeführte Bilder aufgefaßt werden — aber stets deutet sie das ausdrücklich an, indem sie diese Vorgänge als „Gesichte" ($\dot{o}\varrho\acute{\alpha}\mu\alpha\tau\alpha$, $\dot{o}\varrho\acute{\alpha}\sigma\varepsilon\iota\varsigma$, $\dot{o}\pi\tau\alpha\sigma\acute{\iota}\alpha\iota$,[1]) $\dot{\varepsilon}\varkappa\sigma\tau\acute{\alpha}\sigma\varepsilon\iota\varsigma$ oder $\dot{\varepsilon}\nu$ $\nu\nu\varkappa\tau\acute{\iota}$) bezeichnete (10, 3, 10, 19. 11, 5. 16, 9. 23, 11. 27, 23). Am eclatantesten tritt aber die Fähigkeit der Ap. Gesch. zwischen wirklichen, äußerlichen Vorgängen und bloßen visionärem — also im Sinne der Kritik subjectiv-innerlichem — Geschehen zu unterscheiden, hervor in einer bei Gelegenheit der wunderbaren Befreiung Petri gemachten Bemerkung, auf welche mit Nachdruck zuerst Beischlag[2]) hingewiesen hat: act. 12, 9. Hier heißt es nämlich: und er, Petrus, wußte nicht ob ihm wahrhaftig ($\dot{\alpha}\lambda\eta\vartheta\acute{\varepsilon}\varsigma$ $\dot{\varepsilon}\sigma\tau\iota$ $\tau\grave{o}$ $\gamma\iota\nu\acute{o}$-

---

[1]) $\dot{o}\pi\tau\alpha\sigma\acute{\iota}\alpha$ bezeichnet allerdings einen Vorgang nicht immer als Vision, was zur Abwehr falscher Consequenzen einstweilen angemerkt werden soll.
[2]) „Die Bekehrung des Apostels Paulus mit besonderer Rücksicht auf die Erklärungsversuche von Baur und Holsten" Studien und Kritiken 864 p. 1209 ff. Ebendaselbst 1870. p. 199.

μενον) solches geschähe durch den Engel, sondern es deuchte ihm, er sähe ein Gesicht" (ἐδόκει δὲ ὅραμα βλέπειν). Hier haben wir also eine authentische Erklärung, aus welcher nicht nur erhellt, daß ein ὅραμα kein ἀληθῶς γινόμενον ist, d. h. keine reelle Wirklichkeit hat, sondern — und darauf kommt es für die jetzige Untersuchung allein an — daß in der Ap. Gesch. sehr bestimmt zwischen objectiven Vorgängen außer dem Geiste (ἀληθῶς γινομένοις) und objectiven — nur im Sinne der Kritik subjectiven — Vorgängen blos im Geiste ὁράμασιν) unterschieden wird. Was folgt hieraus? Offenbar, daß wenn die Ap. Gesch. ein wunderbares Ereigniß als äußerliche, wirkliche Thatsache meldet, sie dies in dem klaren Bewußtsein thut, auch wirklich eine solche vor sich zu haben und daß sie also nicht aus Unterscheidungsunfähigkeit in der Bekehrungsgeschichte Pauli aus einem blos innerlich=subjectiven Vorgange eine äußerlich objective Thatsache gemacht haben kann.[1])

[1]) Holsten, ein scharfsinniger und consequenter Schüler Baur's vermeidet den oben constatirten Widerspruch des Meisters, ihm ist der apostelgeschichtliche Bericht über die Bekehrung Pauli nicht mythische Tradition sondern durchweg tendenziöse Geschichtsmacherei. In seinem Aufsatze: „die Messiasvision des Petrus und die Genesis des Petrinischen Evangeliums" („Zum Evangelium des Paulus und Petrus" S. 117 ff.) sucht er den Nachweis zu liefern, warum die Christusvision des Paulus als eine Thatsache von objectiv-realer Wirklichkeit, als eine Erscheinung Christi ἐν σαρκί von der Ap. Gesch. habe dargestellt werden müssen (S. 156 ff. Anm.). Er geht bei dieser Nachweisung aus von den Berichten des Matthäus-Evangeliums über die Erscheinungen des Auferstandenen. Zwischen diesen Berichten und den des Apostels Paulus 1 Cor. 15 bestehe ein unlösbarer Widerspruch, denn während der letztere nur von „Gesichten", einem Schauen ἐν ὀπτασίᾳ, rede, melde Matthäus in unmißverständlichen Ausdrücken ein Sehen ἐν σαρκί. Woher dieser Widerspruch? Im Matthäus-Evangelium liegt die judenchristliche Tradition vor. Ursprünglich, wenigstens bis zum Auftreten Pauli in Jerusalem habe sich auch für die judenchristliche Gemeinde der Glaube an die Auferweckung des kreuzestodten Jesus nur auf die „Gesichte" von ihm gegründet. Nun habe sich aber auch Paulus, dessen Ansehen wie Evangelium dem Judenchristenthum ein Aergerniß gewesen und von ihm aufs heftigste bekämpft worden sei, für seine apostolische Dignität auf ein „Gesicht" des Auferstandenen berufen. „Diese Behauptung des Paulus, daß auch ihm wie dem Kephas, dem Jacobus ꝛc. der auferstandene Jesus in einem Gesichte erschienen sei, auch ihm sein Evangelium geoffenbart, auch ihn dadurch zum Apostel dieses Evangeliums berufen habe, mußte auf die Urapostel und die judenchristliche Gemeinde einen tiefen, befremdenden, peinlichen Eindruck machen. Und zwar nicht die Thatsache an sich, aber die Thatsache verbunden mit der Gewißheit, daß das dem Paulus von dem auferstandenen Jesus geoffenbarte Evangelium in Widerspruch stehe mit der ihnen selbst von dem lebenden Jesus überlieferten Lehre. Obgleich die Urapostel sich der geistigen und thatsächlichen Macht des paulinischen Evangeliums nicht ganz entziehen konnten, da es sein Princip auf eine Thatsache stützte, die auch sie als eine Gottgewollte anschauten ꝛc. — so mußten sie doch um das Heiligthum ihres religiösen Gemüths und Gewissens zu retten das Evangelium des Paulus bekämpfen." Da nun dies Evangelium aber eine gewaltige Geistesmacht, gegen welche die Urapostel und ihre Anhänger nicht aufkommen konnten, so blieb ihnen nichts übrig als ihre Angriffe „gegen die formale Berechtigung des paulinischen Evangeliums" zu richten. Daß Paulus ein „Gesicht" des Auferstandenen gesehen ließ sich füglich nicht leugnen, man mußte also die Beweiskraft des bloßen „Gesichts" zu entkräften suchen. Dies geschah indem man zu Jerusalem erst schwieg von den Gesichten des Auferstandenen und dann sie umsetzte in Erscheinungen ἐν σαρκί. Auf diese Weise waren die Urapostel ausgezeichnet vor Paulus, der blos ein „Gesicht" gesehen und die Wahrheit ihrer Lehre gegenüber der der seinigen legitimirt ꝛc. „Und wie die juden=

Aber man beruft sich wider die Ap. Gesch. auf Paulus. Baur[1]) behauptet, daß die Selbstzeugnisse des Apostels in seinen Briefen die damascenische Christuserscheinung gar nicht als eine Thatsache von objectiver Realität erscheinen lassen. Nun wir acceptiren diese Berufung auf das Selbstzeugniß des Ap. mit Freuden, gern bereit die Relation der Ap. Gesch. zu corrigiren, wenn sie dem Selbstzeugnisse Pauli widerspricht, aber auch erwartend, daß die Kritik sich zu dem Berichte der Ap. Gesch. bekenne, wenn der Apostel selbst sich zu ihm bekennt.

Zunächst kommen die beiden Stellen: 2 Cor. 12, 1—4 und Gal. 1, 16 in Betracht.

Was die erstere betrifft, so handelt es sich für unsre jetzige Untersuchung darum ob der Apostel unter den „Gesichten und Offenbarungen des Herrn", von denen er redet, etwa die damascenische Christuserscheinung verstanden habe oder ob diese in analoger Weise von ihm nur als eine $\dot{o}\pi\tau\alpha\sigma\dot{\iota}\alpha$ $\varkappa\alpha\dot{\iota}$ $\dot{\alpha}\pi o\varkappa\dot{\alpha}\lambda v\psi\iota\varsigma$ verstanden worden sein könne?

Es ergiebt sich sofort daß die erstere Annahme durchaus unhaltbar, denn abgesehen davon, daß die 14 Jahre sich durchaus nicht in die Chronologie des Lebens Pauli fügen wollen, so man sie von seiner Bekehrung an rechnet — diese würde dann um das Jahr 44 fallen, da der 2. Brief an die Corinther gegen 58 geschrieben sein muß — abgesehen ferner, daß hier von einer Mehrheit von Gesichten und Offenbarungen die Rede und daß der Apostel bezeugt $\check{\alpha}\varrho\varrho\eta\tau\alpha$ $\dot{\varrho}\acute{\eta}\mu\alpha\tau\alpha$, $\mathring{\alpha}$ $o\dot{v}\varkappa$ $\dot{\varepsilon}\xi\grave{o}\nu$ $\mathring{\alpha}\nu\vartheta\varrho\acute{\omega}\pi\omega$ $\lambda\alpha\lambda\tilde{\eta}\sigma\alpha\iota$ gehört zu haben, während

---

christliche Tradition gedrängt wurde das $\mathring{\omega}\varphi\vartheta\eta$ $K\eta\varphi\tilde{\alpha}$ zu einem $\dot{\varepsilon}\varphi\alpha\nu\varepsilon\varrho\acute{\omega}\vartheta\eta$ $\dot{\varepsilon}\nu$ $\sigma\alpha\varrho\varkappa\acute{\iota}$ zu gestalten, so ward die paulinische Tradition gezwungen, das „Gesicht" des Paulus so sarkisch, als möglich darzustellen." (act. 9. 22. 26).

Es läßt sich nicht leugnen: das ist „Tendenz", nur dürfte jeder unbefangene Leser den Eindruck bekommen, daß die tendenziöse Geschichtsfabrikation auf Rechnung der „historischen Kritik" und nicht der Neutestamentlichen Urkunden zu setzen ist, mit deren Einfalt eine auf solch scharfsinniges Raffinement gebaute trügerische Geschichtsfälschung absolut unvereinbar.

Auch diese Art zu operiren ist höchst lehrreich. Holsten erreicht durch sie ein Dreifaches: 1) beweist er seine — beständig als „historische Thatsache" geltend gemachte — Hypothese von der Christusvision des Paulus, 2) erhärtet er das Axiom der kritischen Schule bildende tendenziöse Geschichtsverdrehung der historischen Urkunden des N. T., sonderlich der Ap. Gesch. und 3) beseitigt er die lästigen Berichte über die Erscheinungen des Auferstandenen, die sich durchaus nicht auf ein Schauen $\dot{\varepsilon}\nu$ $\dot{o}\varrho\acute{\alpha}\mu\alpha\tau\iota$ zurückführen lassen. In der That viel auf Ein Mal! Nur Schade: „man merkte die Absicht und man wird verstimmt."

Wir werden später auf die Berichte des Matthäus-Evangeliums zurückkommen müssen. Jetzt nur soviel: jedenfalls ist es natürlicher das $\mathring{\omega}\varphi\vartheta\eta$ des Paulus 1 Cor. 15 nach dem $\check{o}\psi\varepsilon\sigma\vartheta\varepsilon$, $\dot{\iota}\delta\acute{o}\nu\tau\varepsilon\varsigma$ des Matthäus als wirkliches, leibliches Sehen aufzufassen, was ohnedieß durch das $\dot{\varepsilon}\acute{\omega}\varrho\alpha\varkappa\alpha$ 1 Cor. 9, 1 empfohlen wird, statt umgekehrt unter der Form $\mathring{\omega}\varphi\vartheta\eta$ nur visionäres Schauen zu verstehen und darauf einen complicirten Schluß zu bauen, wie Holstens Scharfsinn gethan. Damit ist aber der behaupteten Tendenz sofort der Boden unter den Füßen genommen.

[1]) a. a. O. p. 60. Daß die Ap. Gesch. sich im Irrthum befindet, daß die qu. Christophanie keine äußerliche, reale Erscheinung sein kann, ist Baur von vornherein freilich eine ausgemachte Sache; wenn er sich darum wider sie auf Paulum beruft, so muß dieser etwas anderes aussagen als sein Biograph — zur ruhigen Prüfung seines Zeugnisses fehlt die Unbefangenheit.

die Worte, die Christus vor Damaskus geredet, gemeldet werden — so ist in der ganzen Stelle nicht von einem Schauen des Herrn selbst, überhaupt nicht von einem Schauen sondern wesentlich von einer durch den Herrn bewirkten ἀποκάλυψις (v. 7) die Rede, bei der der Ap. sich vornämlich hörend verhalten. Er hat sich hinaufgehoben gefühlt ins Paradies, aber er hat nicht den Herrn herabkommen sehen auf die Erde, er datirt nicht den Anfang seines christl. Lebens von dieser „Entzückung", sondern nennt sich bereits „einen Menschen in Christo", bezeichnet die ihm widerfahrne Gnade als die ὑπερβολή τῶν ἀποκαλύψεων, als den höchsten seiner innern Lebensmomente, der ihn in seinen vielen Kämpfen neu gestärkt aber auch den „Pfahl im Fleische" zugezogen habe. Endlich gedenkt der Ap. dieser ὀπτασίαι καὶ ἀποκαλύψεις nicht, um sein apostol. Ansehen darauf zu stützen,[1]) sondern um seine prahlenden Corinthischen Gegner durch das sich seiner Schwachheit Rühmen zu beschämen. Aus der damascenischen Christuserscheinung zieht er ganz andre Consequenzen (1 Cor. 9, 1. 15, 8).

Aber da Paulus „Gesichte und Offenbarungen" gehabt zu haben selbst bekennt, muß also die Christuserscheinung vor Damaskus nicht auch ein „Gesicht" gewesen sein? Wir werden erst an einer späteren Stelle unsrer Untersuchung mit dieser Frage uns eingehend beschäftigen können. Für jetzt genügt zu bemerken, daß solcher Analogie-Schluß leicht ein Trugschluß werden kann. Hat Paulus „Gesichte" gehabt, so folgt doch wahrlich nicht, daß alles, was ihm begegnet ist, also auch seine Christuserscheinung vor Damaskus ein Gesicht gewesen sein muß. Eine auf den bloßen Analogie-Schluß gestützte Vermuthung hätte jedenfalls nicht eher ein Recht sich als historisches Beweismoment geltend zu machen, als bis sie durch andre unzweideutige Selbstzeugnisse des Apostels Bestätigung gefunden, eine Bedingung, die wie sich zeigen wird, die Kritik nicht erfüllen kann. Als bedeutende Instanz gegen den qu. Schluß macht sich aber, außer der bereits aufgezeigten principiellen Differenz zwischen den „Gesichten und Offenbarungen" 2 Cor. 12 und der damascenischen Christophanie, sofort der Umstand geltend, daß man bei ihm den Apostel Paulus verwechselt mit dem Pharisäer Saulus und auf Grund von Gesichten, die doch erst der Jünger Christi gehabt hat, bereits seinem Feinde ähnliche Erlebnisse zuschreibt.

Um unsre Frage zur Entscheidung zu bringen müssen wir uns also an andre Aussprüche des Apostels halten, die sich wirklich auf seine Christuserscheinung vor Damaskus beziehen. Zu diesen gehört ohne Zweifel Gal. 1, 13 f. In dieser Stelle — behauptet nun die Kritik — erkläre Paulus das genannte Ereigniß nur für eine innere Erfahrung, wie deutlich aus den Worten erhelle: εὐδόκησεν ὁ θεός — — ἀποκαλύψαι τὸν υἱὸν αὐτοῦ ἐν ἐμοί, ἵνα εὐαγγελίζωμαι αὐτὸν ἐν τοῖς ἔθνεσιν. Ohne Zweifel redet hier der Ap. — wie ähnlich 2. Cor. 4, 6 — von einer innern ἀποκάλυψις und verschmähen wir es als eine gekünstelte Auslegung das ἐν ἐμοί durch „an mir" zu übersetzen. Aber schließt diese innere Offenbarung wirklich die äußere Christuserscheinung aus? Mit nichten. Wir vermögen in ihr nicht eine Correctur sondern nur eine Ergänzung des apostelgeschichtlichen Berichts zu erkennen.

---

[1]) Beyschlag a. a. O. 1864 p. 221 f.

Wir wollen nicht zu viel Gewicht darauf legen, daß das $καλέσας\ διὰ\ τῆς\ χάριτος\ αὐτοῦ$ (v. 15) eine ziemlich unmißverständliche Anspielung auf den dem Saulus in den Weg tretenden und ihn anredenden Christus ist — jedenfalls geht es (v. 16) dem Apostel darum ein bestimmtes Resultat seiner als bekannt (v. 13: denn ihr habt gehört ꝛc.) vorausgesetzten wunderbaren Berufung zu verzeichnen, nämlich daß der ihm äußerlich erschienene Christus ihm auch innerlich offenbar geworden, so zu sagen daß auf das Ostern bei ihm auch ein Pfingsten gefolgt sei. Ohne diese innere Erfahrungsthatsache würde auch die großartigste Christuserscheinung ihm nur etwas Aeußerliches geblieben sein und weder eine Bekehrung noch eine apostolische Dignität zur Folge gehabt haben. Es handelt sich Paulo nach dem ganzen Zusammenhange wesentliche darum den Beweis zu führen, daß er ein Apostel sei: „nicht von Menschen auch nicht durch Menschen sondern durch Jesum Christum und Gott den Vater, der ihn auferweckt hat von den Todten" (v. 1) und daß er das Evangelium, welches er predige, von keinem Menschen empfangen noch gelernet sondern durch Offenbarung Jesu Christi (v. 12) habe. Für diesen Beweis genügte es nicht, auf die ihm gewordene Christuserscheinung hinzuweisen, denn seine Gegner konnten ihm dann erwidern: seine Berufung durch den Auferstandenen wollten sie nicht leugnen, aber dadurch stehe er noch nicht in gleichem Range mit den Uraposteln, da er doch erst von diesen habe lernen müssen und dadurch sei „sein" Evangelium noch nicht als die reine Christuslehre beglaubigt, da er doch mit Christus selbst gar keinen Umgang gehabt. Solchem Einwande begegnet der Apostel indem er den Beweis erbringt, es sei durch innerliche Offenbarung des Auferstandenen jene mangelnde Belehrung bei ihm ersetzt worden (v. 16 ff.) und als ein unmittelbar von Christus Gelehrter, der nicht nur Ein Mal sondern fortgehend $ἀποκαλύψεις$ von ihm empfangen, könne er für sich und sein Evangelium volle apostolische Dignität beanspruchen. Ganz zweifellos ist aber der innerliche Vorgang, auf welchen der angegebene Beweis sich stützt, eine unmittelbar von Gott gewirkte, objective Offenbarung, ($ὁ\ θεὸς\ ἀφορίσας\ —\ καλέσας\ —\ ἀποκαλύψας\ —\ εὐδοκήσας$) kein immanenter Akt des eignen Geistes Pauli — wie die Kritik will —, denn mit dieser Annahme wäre er völlig hinfällig geworden und der Apostel entweder als ein Täuschender oder Getäuschter erwiesen, da er mit dem entschiedensten Nachdruck bezeugt es handle sich hier um eine That Gottes, und zwar um eine That seiner absolut freien Gnade.

Doch so entschieden wir uns dagegen verwahren, daß die eben besprochene Stelle im Gegensatz zu dem Berichte der Ap. Gesch. die damascenische Christophanie nur als einen innern Akt bezeichne, ebenso bereitwillig gestehen wir zu, daß sie für sich über die äußerliche Realität derselben noch nichts Entscheidendes enthalte. Wir bedürfen also noch klarerer und unzweideutigerer Zeugnisse. Solche finden wir 1 Cor. 9, 1 und 15, 8.

An erster Stelle heißt es: „bin ich nicht ein Apostel? habe ich nicht den Herrn Jesum gesehen ($ἑώρακα$)? Hiermit ist ein doppeltes behauptet: 1) daß Paulus Jesum gesehen hat und 2) daß dadurch seine Apostelwürde erwiesen ist. Nun bedarf es ja jedenfalls kaum der Erinnerung, daß der Apostel an ein Sehen Jesu bei seinen Lebzeiten nicht gedacht haben kann — denn solches

Sehen würde bei ihm keine Apostelautorität begründen —, sondern daß ein Sehen des Auferstandenen (cf. Gal. 1, 1 τοῦ ἐγείραντος) gemeint sein muß. Man sollte denken, da offenbar von der damascenischen Christuserscheinung hier die Rede, ihre objective Realität und also die Uebereinstimmung des Selbstzeugnisses Pauli mit den Berichten seines Biographen sei jetzt über allen Zweifel erhaben, denn eine noch deutlichere Aussage kann doch billigerweise nicht verlangt werden, als: „ich habe den Herrn gesehen"? Aber die Kritik ist nicht gesonnen, sich so leichten Kaufes gefangen zu geben. „Gesehen! — wendet sie ein — heißt das denn mit sichtlichen, leiblichen Augen, auf eine äußerliche, sinnliche Weise gesehen? Gibt es nicht auch ein visionäres Schauen von rein innerlicher Art und meint nicht dieses der Apostel?" Aber ist das nicht willkürliche Exegese, die mit Gewalt einen Widerspruch mit der Ap. Gesch. in die einfache Aussage Pauli hineinträgt?: Wir wollen es nicht in Abrede stellen, daß sehen (ὁρᾶν) auch von visionärem Schauen gebraucht wird, aber es als terminus technicus dafür zu bezeichnen dünkt uns in der That doch eine ungeheuerliche Behauptung. Wenn das Wort ohne einen ausdrücklichen Zusatz wie ἐν ὁράματι oder ἐν ἐκστάσει oder ἐν νυκτί gebraucht wird wie z. B. act. 9, 12. 10, 3, 17. 11, 5. 16, 9 f. 27, 23 so gehört eben die Befangenheit der kritischen Schule dazu um ein anderes als ein Sehen mit den Augen auf äußerliche, sinnliche Weise darunter zu verstehen. Hätte ein andrer Apostel, z. B. Petrus, die in Rede stehenden Worte geschrieben, wäre es dann jemand in den Sinn gekommen ein visionäres Schauen daraus zu machen? Offenbar nur weil das äußerliche Sehen, welches Paulus behauptet, eine reale Erscheinung des Auferstandenen voraussetzt, macht die Kritik ein Sehen „im Gesicht" daraus. Glücklicherweise fehlt es uns nicht an Stellen, wo von einem Sehen des Auferstandenen die Rede ist und die — selbst nach dem Zeugnisse der Kritik[1]) — nur von einem leiblichen Sehen verstanden werden können: Matth. 28, 1 (ὄψεσθε) cf. v. 9: Ἰησοῦς ἀπήντησεν αὐταῖς — v. 10 (ὄψονται), v. 16 (ἰδόντες), Mar. 16, 7, (ὄψεσθε), Luc. 24, 39 (ἴδετε) Joh. 20, 14 (θεωρεῖ), v. 25 ἑωράκαμεν, v. 29 (ἑώρακας): mit welchem Recht will man denn nun behaupten, daß dasselbe Wort, noch dazu in derselben activischen Form bei Paulus ein visionäres Schauen bedeute? Beweist die Fülle der angezogenen Citate nicht das Gegentheil? Wenn Paulus sich der gleichen Form des gleichen Verbums bedient wie die Zehn und wie der Auferstandene selbst gegenüber dem Thomas, bei dem doch ohne Zweifel nur von einer leiblichen Erscheinung die Rede ist, muß er nicht auch dieselbe Sache, also die ihm gewordene Christuserscheinung als eine objectiv-reale, mit dem sinnlichen Auge wahrgenommene, haben bezeichnen wollen? Und — wo bleibt nun der vermeintliche Widerspruch mit der Ap. Gesch.?

Aber die angezogene Stelle hat noch weitere Beweiskraft. Paulus stützt auf sein ἑωρακέναι τὸν κύριον seine Apostelautorität. Da diese aber unmöglich durch ein visionäres Schauen bewiesen werden konnte, so muß ein Sehen mit dem leiblichen Auge gemeint sein. Auch andre Zeugen der apostoli-

---

[1]) Holsten. A. a. O. p. 156 Anm. Auf welche Weise der scharfsinnige Kritiker mit diesem Sehen ἐν σαρκί fertig zu werden weiß, ist S. 15 Anm. angegeben.

schen Zeit, z. B. Stephanus, Ananias haben ja Gesichte des Herrn gehabt, aber eine apostolische Dignität haben sie deshalb nicht in Anspruch genommen. Zu dieser war ein Sehen des Herrn erforderlich, nach Analogie des bei den Uraposteln stattgehabten. Nur wenn Paulus den Beweis lieferte, daß er ein wirklicher Augenzeuge der Auferstehung, der den Auferstandenen mit seinen Augen gesehen, konnte er sich als Apostel geltend machen. Daß ein früherer Christusfeind als sein Apostel noch dazu mit einem Evangelio auftrat, welches — zwar keineswegs, wie die Kritik will,[1]) im feindlichen Widerspruch aber — durch seine Weite und Tiefe gegen die Verkündigung der Urapostel in scheinbarem und gegen die engherzige Beschränktheit vieler Judenchristen in wirklichem Gegensatze stand, das war etwas so Ungeheures und Unerhörtes, daß nur der zwingendste Beweisgrund seine apostolische Autorität darzuthun vermochte. Als solcher konnte aber offenbar nur ein außerordentliches Ereigniß, wie eine objectiv-reale Erscheinung des Auferstandenen, nicht aber ein visionäres Schauen desselben gelten. Ein solches Ereigniß mußte dann aber auch volle Beweiskraft haben, Paulum von jeder Usurpation freisprechen und vor Freund und Feind als einen rite berufenen und mit einer den Uraposteln ebenbürtigen Dignität ausgerüsteten Apostel legitimiren. Daher auch die prägnante Kürze mit welcher argumentirt wird: „bin ich nicht ein Apostel? habe ich nicht den Herrn Jesum gesehen?"

Nicht minder durchschlagend ist 1 Cor. 15, 8: „am letzten nach Allen ist er auch von mir als einer unzeitigen Geburt gesehen worden" ($\xi\sigma\chi\alpha\tau\text{o}\nu$ $\delta\xi$ $\pi\alpha\nu\tau\omega\nu$ $\omega\sigma\pi\epsilon\rho\epsilon\iota$ $\tau\tilde{\omega}$ $\xi\kappa\tau\rho\omega\mu\alpha\tau\iota$ $\omega\varphi\vartheta\eta$ $\kappa\alpha\mu\text{o}\iota$).

Wir wundern uns nicht, sofort wieder der Behauptung zu begegnen, daß die Form $\omega\varphi\vartheta\eta$ charakteristische Bezeichnung des visionären Schauens sei. Allein abgesehen davon, daß dieselbe Form wiederholt auch sonst vom wirklichen leiblichen Sehen gebraucht ist (act. 7, 26. 2, 3. Hebr. 9, 28), selbst wo von Erscheinungen des Auferstandenen die Rede, hat sie offenbar denselben Sinn. Luc. 24, 34 — auf welche Stelle sich Holsten beruft, um den Beweis zu liefern, daß auch die Christuserscheinung des Petrus im Sinne des Berichterstatters eine Vision gewesen — lesen wir: $\text{o}\tau\iota$ $\eta\gamma\xi\rho\vartheta\eta$ o $\kappa\nu\rho\iota\text{o}\varsigma$ $\text{o}\nu\tau\omega\varsigma$ $\kappa\alpha\iota$ $\omega\varphi\vartheta\eta$ $\Sigma\iota\mu\omega\nu\iota$. Wenn nun offenbar dieses $\text{o}\nu\tau\omega\varsigma$ zumal im Munde der Emmausgänger, die doch zweifellos nicht blos eine Vision des Auferstandenen gehabt haben konnten, nichts anderes besagen kann, als daß wesentlich, in der That und Wahrheit der gekreuzigte und begrabene Jesus leibhaftig auferstanden sei, folgt daraus nicht nothwendig, daß das $\omega\varphi\vartheta\eta$ im Sinne eines wirklichen, leiblichen Sehens, eines Sehens $\xi\nu$ $\sigma\omega\mu\alpha\tau\iota$ verstanden werden muß? Und wird diese Fassung nicht ausdrücklich bestätigt durch die unmittelbar folgende Erzählung, in der es heißt: $\alpha\nu\tau\text{o}\varsigma$ o $I\eta\sigma\text{o}\nu\varsigma$ $\xi\sigma\tau\eta$ $\xi\nu$ $\mu\xi\sigma\omega$ $\alpha\nu\tau\omega\nu$ κ.? Wenn aber das $\omega\varphi\vartheta\eta$ die Christuserscheinung des Petrus als eine objectiv-reale bezeichnet, warum nicht auch die des Paulus?

Doch fassen wir den ganzen Textzusammenhang, in welchem der letztere hier von seiner Christuserscheinung redet ins Auge, uns dünkt, daß in ihm der unwiderlegliche Beweis enthalten sei für ihre objective Realität. Um

---

[1]) Holsten. A. a. O. Einleitung p. 22 Anm.

die Meinung etlicher durch böse Gerüchte verführter Corinthischer Gemeindeglieder ὅτι ἀνάστασις νεκρῶν οὐκ ἔστιν (v. 12) zu widerlegen kommt der Apostel eingehend auf die Auferstehung Jesu zu reden als mit der Auferstehung der Christen im engsten Causalzusammenhange stehend und führt für sie einen doppelten Beweis, einen positiven, den der Beglaubigung durch die Schrift (v. 4) und vieler Augenzeugen (v. 5—8), und einen negativen, den der Hinfälligkeit des ganzen Christenthums und der Trügerei seiner Zeugen ohne die Realität dieser Thatsache (v. 13—19).

Verweilen wir zunächst bei dem ersten Theile dieses Beweises. **Christus ist auferstanden,** denn er ist gesehen worden von Petrus, den Zwölfen, von mehr denn 500 Brüdern auf Ein Mal, von Jacobus, von allen Aposteln, zuletzt von **Paulus selbst.**[1]) Wir wollen jetzt nicht das Gewicht darauf legen, daß die Christuserscheinung des Paulus, wenn sie ein **Beweis für die thatsächliche Auferstehung** des getödteten und begrabenen Jesu sein soll, eine Thatsache von objectiv-realer Wirklichkeit gewesen sein muß, sondern darauf, daß sie als **wesentlich gleichartig in Eine Reihe** mit den Erscheinungen des Auferstandenen zwischen Ostern und Himmelfahrt im Kreise seiner ersten Jünger gestellt wird. Demnach liegt die Sache so, daß, wenn diese letzteren als Thatsachen von objectiver Realität aufgefaßt werden müssen, auch Paulus den Auferstandenen nicht blos im Gesicht gesehen haben kann.[2])

Untersuchen wir also die Beschaffenheit derjenigen Erscheinungen des Auferstandenen, mit welchen Paulus die seine als gleichartig setzt.

Als eine bedeutende Instanz gegen die Annahme eines bloßen visionären Schauens macht sich da sofort die Menge der aufgerufenen Zeugen geltend. Nicht bloß Ein Mal sondern viele Male und nicht bloß einem Einzelnen sondern **Vielen auf Ein Mal** und zwar **wiederholt** ist der Auferstandene er-

---

[1]) Natürlich ermangelt die Kritik nicht, den scheinbaren Widerspruch zwischen den von Paulus aufgezählten Erscheinungen des Auferstandenen und den in den Berichten der Evangelien gemeldeten aufs umfassendste auszubeuten. Vielleicht genügt aber eine kurze Andeutung um die Differenz sofort zu beseitigen. Offenbar ging es dem Apostel weder darum alle noch chronologisch geordnet die Erscheinungen des Auferstandenen aufzuzählen, sondern nur diejenigen zu erwähnen, welche entweder durch ihre qualitative Beschaffenheit oder durch die Autorität derer, denen sie zu Theil geworden, die gewichtigste Beweiskraft hatten. Er läßt daher die Erscheinungen vor den **Frauen** sämmtlich weg, nicht weil er Zweifel an ihrer Thatsächlichkeit hegt oder sie nicht kennt, sondern weil er als Zeugen nur Männer, Apostel und zwar die angesehensten Apostel vorführen will. Hätte z. B. Renan dies beachtet, so würde er seinen Roman von den Hallucinationen der Maria Magdalena, die der Welt einen auferstandenen Gott gegeben, nicht haben dichten können.

[2]) Die Kritik, um sich aus dieser gefährlichen Position zu retten, schlägt einen eigenthümlichen Weg ein. (Holsten a. a. O. p. 107). Ihre Hypothese von einer bloßen Vision bei Paulus für erwiesen achtend erschließt sie von ihr aus den visionären Charakter der übrigen Erscheinungen des Auferstandenen, triumphirend die Realität der Auferstehungsthatsache somit beseitigt zu haben. Man lasse sich durch diese geschickte Wendung nicht beirren. Es handelt sich vielmehr gerade umgekehrt darum: von der Beschaffenheit der vor den ersten Jüngern stattgefundenen Christuserscheinungen auf die vor Paulus geschehene einen Schluß zu machen. Ginge die Kritik diesen von Paulus selbst bezeichneten Weg, so dürfte es ihr freilich etwas schwerer werden ihre Visionshypothese zu begründen.

schienen. Und diese Erscheinungen sollen Visionen gewesen sein! In der That, die Kritik muthet uns durch solche Behauptung etwas zu glauben zu, wogegen das biblische Wunder fast eine Kleinigkeit ist. Indem man um jeden Preis sich vor dem Uebernatürlichen retten will geräth man ins Unnatürliche. Fast zum Ueberdruß oft hat man die Vertreter der Visionshypothese aufgefordert, uns doch begreiflich zu machen, wie es möglich gewesen, daß nicht nur die 11 Apostel, sogar 500, sage fünfhundert Brüder auf Ein Mal dieselbe Vision gehabt haben und durch sie von der Thatsächlichkeit der Auferstehung so felsenfest überzeugt worden sein sollen, daß sie für diesen Glauben mit Freuden in den Tod gingen? Die Kritik ist bis heute diesen Nachweis schuldig geblieben und so darf sie uns nicht den Vorwurf machen, daß wir oft Gesagtes wiederholen, wenn wir nicht müde werden diese Instanz gegen sie geltend zu machen. Gesetzt es gelänge bei dem einen oder andern Zeugen der Auferstehung die Vision psychologisch begreiflich zu machen, es wäre in der That nicht allzuviel damit gewonnen — erst wenn dargethan sein wird, nicht nur daß eine große Anzahl der verschiedenst angelegtesten Menschen zu gleicher Zeit dieselbe Vision aus sich selbst zu produciren und dadurch von der objectiven Wirklichkeit dieses eignen Geisteserzeugnisses felsenfest überzeugt zu werden vermag, sondern auch, daß bei jedem einzelnen der zahlreichen Zeugen der Auferstehung wirklich Visionen stattgefunden haben, würde die Kritik ein Recht haben die objective Realität der qu. Erscheinungen zu bestreiten.

Zur Quantität der angeführten Zeugen tritt aber weiter ihre Qualität. Wir wollen als für unsre Frage von untergeordneter Bedeutung es nicht besonders betonen, daß die meisten der Gewährsmänner, auf welche sich der Apostel beruft, zur Zeit der Abfassung des ersten Corintherbriefes noch lebten, auch keine unsichere Schlüsse bauen auf die jedenfalls sehr mannigfaltige Geistesveranlagung der „500 Brüder" — die Berufung auf die Apostel und zwar auf die Gesammtheit der Apostel soll uns genügen. Ohne Zweifel ist es als ein besonderer Zug der pädagogischen und psychologischen Weisheit Jesu zu betrachten, daß er seinen Jüngerkreis aus Leuten der verschiedensten Geistes-, Temperaments- und Charakterbegabung zusammensetzte, daß er neben einem Johannes einen Thomas, neben einem Petrus einen Jacobus wählte. Es liegt auf der Hand, daß diese so gar verschieden veranlagten Leute unmöglich alle für Visionen gleich disponirt gewesen sein können. Nehmen wir beispielsweise den Thomas, diesen so überwiegend intellectuell gerichteten Mann (Joh. 11, 16. 14, 5. 20, 25), der den Dingen auf den Grund ging, Klarheit liebte und so nüchtern und kritisch sich zeigte, daß er „den Sprung über den Graben nicht eher thun wollte als bis er ihn genau vermessen"[1] — kann auch bei diesem die Christuserscheinung auf ein bloßes „Gesicht" zurückgeführt werden trotz Joh. 20 v. 25, 27 u. 29? Und Paulus beruft sich auf das Zeugniß sämmtlicher Jünger ohne Unterschied! Allen ohne Ausnahme ist der Herr erschienen. Wenn aber auch nur der eine oder andere nicht visionär Disponirte unter ihnen gewesen wäre, würde dieser denn auf Grund von Gesichten, für die er gar kein Organ hatte, mit den Visionären zusammen bezeugt haben: „der Herr

---

[1] Tholuck: Predigten IV p. 366.

ist wahrhaftig auferstanden?" Aber die Sache liegt für die Apologetik viel günstiger. Nur ganz vereinzelt wird uns von etlichen Zeugen der Auferstehung berichtet, daß sie vor oder nach dieser „Gesichte" gehabt (Matth. 17, 9. act. 10, 10 ff. Ap. Gesch. 1, 10), sollten sie denn bloß für eine kurze Zeit nach dem Tode Jesu plötzlich alle Visionäre geworden sein? Und wie? — wenn, wovon später eingehend die Rede sein muß, nach der ausdrücklichen Auffassung der Kritik, Visionen nur die Spiegelbilder der Gedanken des eignen Geistes sind, Gebilde die bis ins Einzelnste hinein mit dem individuellen Bewußtsein des Visionärs, seinen Hoffnungen, Forderungen ɛc. übereinstimmen — können dann die Erscheinungen des Auferstandenen vor den Elfen in diese Kategorie fallen? Haben sich denn die Jünger nicht sämmtlich ungläubig gegen die ersten Berichte von der Auferweckung des Gekreuzigten verhalten? däuchten sie die Worte der Weiber nicht als wären es Mährlein (Luc. 24, 11. Mrc. 16, 11, 13)? Ist „ihr Auferstehungsglaube denn nicht zögernd, zweifelmüthig, nur den stärksten Proben persönlicher Erfahrung weichend zu Stande gekommen, wie man sich eben zur Anerkennung einer Thatsache, die, so erwünscht an sich sie ist, doch nach den vorgefaßten Begriffen undenkbar erscheint, nur schwer entschließt?"[1]) Wurden sie von dem Herrn nicht wiederholt gescholten wegen ihres Unglaubens (Mrc. 16, 14. Luc. 24, 25)? Hat man denn auch Visionen — im Sinne der Kritik — von Erscheinungen, an die man nicht glaubt? Mußte der Auferstandene, um die Jünger gläubig zu machen, sie nicht erst von der Realität seiner Leiblichkeit überzeugen (Matth. 28, 9. Luc. 24, 13 ff. 37 ff. Joh. 20, 20, 27)? Als der Auferstandene sich zeigt, sind den Schauenden nicht wiederholt „die Augen gehalten" (Joh. 20, 14 f. Luc. 24, 16 ff.)? Oder sind etwa alle diese Zeugnisse mythische Züge oder gar tendenziöse Zusätze, um der Verkündigung der Apostel (Luc. 24, 34 $ὄντως\ ἠγέρθη$) desto größere Glaubwürdigkeit zu verleihen? Aber wie? hätten dann die Berichterstatter nicht selbst Zweifel gehegt an der objectiven Realität der Auferstehung und bewußt oder unbewußt zur Täuschung ihre Zuflucht genommen um bei andern den Zweifel niederzuschlagen? Wo aber bliebe dann die unerschütterliche Glaubensgewißheit, von der doch die Berichte der Evangelien getragen werden? Wo das gute Gewissen gegen die Beschuldigung des falschen Zeugnisses?

Und was für Leute werden die Jünger nach der Auferstehung! Woher anders soll denn ihr unerschütterlicher Glaube, ihr unerschrockner Muth, ihre ungetrübte Freudigkeit, ihr unermüdlicher Zeugeneifer, woher anders ihre apostolische Parrhesie und ihre Missionsbegeisterung gekommen sein als weil die vorher hoffnungslosen, eingeschüchterten, engherzigen Leute den Gekreuzigten lebendig gesehen haben? Kann die bloße Einbildung solche Dinge bewirken? Kann sie sie auf die Dauer bewirken? Kann sie das Fundament für einen Bau werden, der nicht nur Jahrtausende überdauert sondern sich fortgehend vergrößert hat und wachsen will und wird bis er eine Behausung geworden ist für alle Nationen der Erde?

Dies führt uns auf einen andern Umstand, dessen Richtigkeit als Zeugenmoment für die Realität der Erscheinungen des Auferstandenen bis jetzt noch

---

[1]) Beyschlag: A. a. O. 1870 p. 235.

viel zu wenig gewürdigt ist. Woher nämlich die großen, wahrhaft majestätischen, weittragenden, für die gesammte Entwicklung des Reiches Jesu Christi so bedeutungsvollen Worte, die uns als Reden des Auferstandenen berichtet werden (Matth. 28, 18 ff. Marc. 16, 15 f. Luc. 24, 46 f. Joh. 20, 21—23, 29. 21, 15 ff. act. 1, 7 f.)? Nehmen wir bloß die Einsetzung der Taufe und der Mission, sammt der Einleitung, die ihr vorhergeht und der Verheißung, welche ihr nachfolgt, ja nehmen wir die letztere allein, haben die Jünger diese großartigen, in ihrem Universalismus der ganzen damaligen Weltanschauung so fremden Gedanken in Visionen aus sich selbst producirt? Aber seit wann producirt jemand was er nicht hat? Die Jünger so engherzig, in jüdischem Partikularismus noch immer befangen (Luc. 24, 21. act. 1, 6), muthlos durch den Kreuzestod ihres Meisters, der Erziehung zum apostolischen Berufe noch so bedürftig, können unmöglich die Autoren von Gedanken gewesen sein, in deren einzigartige Großartigkeit sie sich erst nach längerer Zeit und mancherlei Kampf zu finden vermochten. Jesus, der von den Todten Erstandene, muß zu ihnen geredet haben, denn besonders von diesen Reden zwischen Ostern und Himmelfahrt gilt: „so hat nie ein Mensch geredet!" Sind wir aber genöthigt in den qu. Worten Worte Jesu anzuerkennen, muß der redende Jesus dann nicht als ein wahrhaftig Auferstandener den Jüngern in Wirklichkeit erschienen sein?

Und zu demselben Resultat werden wir geführt wenn wir auf die Qualität des abgelegten Zeugnisses achten. Was ist doch der Inhalt des Auferstehungsglaubens aller Jünger, Paulus mit eingeschlossen? Kein andrer als daß der im Grabe gelegene Leib Jesu am dritten Tage nach seinem Tode auferweckt worden sei, derselbe Leib, der die Spuren des Leidens noch an sich getragen (Luc. 24, 37 ff. Joh. 20, 20, 27). Solches bezeugt auch Paulus 1 Cor. 15, 4 aufs gewisseste, wenn er schreibt: καὶ ὅτι ἐτάφη καὶ ὅτι ἐγήγερται ἐν τρίτῃ ἡμέρᾳ. Man hat das Grab leer gefunden (Matth. 28, 6, 12 f. Marc. 16, 6. Luc. 24, 3, 12, 23 f. Joh. 20, 2 ff.). Keiner noch so künstlichen Exegese wird es gelingen an die Stelle des Auferstehungsglaubens der Jünger von der Erweckung des begraben gewesenen Leichnams die allgemeine Idee zu setzen: „Gott hat den Gekreuzigten mit neuem Leben erfüllt." Nun ist es aber unmöglich, daß dieser urkundlich bezeugte, auch durch Paulus bestätigte Auferstehungsglaube der Jünger das Product einer Vision sei.

Wir berufen uns zunächst wieder auf die Behauptung der Kritik,[1]) daß es „zu Visionen nur kommen kann, wo die Elemente des Visionsbildes schon vorher im Geiste des Visionärs vorhanden waren." Zugegeben: die Jünger haben an Todtenerstehung geglaubt, aber — mit dem gesammten jüdischen Bewußtsein erwarteten sie eine Auferstehung des Leibes erst ἐν τῇ ἐσχάτῃ ἡμέρᾳ (Joh. 11, 24). Die Elemente zu ihrem Visionsbilde (von einer Auferstehung am dritten Tage) lagen also nicht vorher in ihrem Geiste. Oder haben die Jünger etwa jenen bloß allgemeinen Glauben von der Auferstehung am jüngsten Tage nicht getheilt? Haben sie aus dem Munde Jesu Enthüllungen

---

[1]) Holsten a. a. O. p. 81.

empfangen und geglaubt, durch welche sie über das gesammte jüdische Bewußtsein erhoben wurden? Mit nichten; wenn Jesus zu ihnen von Todtenerweckung redet, so verweist er sie gleichfalls auf den jüngsten Tag (Joh. 5, 29. 6, 39 f. Luc. 14, 14), über seine eigne Auferstehung hat er aber nur selten und in dunkeln, prophetischen Andeutungen gesprochen (Matth. 12, 39 f. 16, 21. 17, 9. 20, 19. Luc. 18, 33. Joh. 2, 19 ff.), die sie weder verstanden noch geglaubt haben (Luc. 18, 34, Marc. 9, 10, 32. Joh. 2, 21 f.). Da ihnen nun auch die einschlägigen alttestamentlichen Weissagungen verschlossen waren (Luc. 24, 25 ff. 44 ff. Joh. 20, 9), so konnten sie auf eine Auferstehung des Leibes Jesu aus dem Grabe am dritten Tage nicht durch sich selbst kommen, höchstens eine allgemeine Ueberzeugung von einem Fortleben Jesu in Herrlichkeit, wie man es auch andern Frommen zuschrieb und von einem Auferstehen bei der allgemeinen Todtenerweckung am jüngsten Tage hätte auf diese Weise entstehen können. Wie ein durch Visionen erklärbarer Auferstehungsglaube der Jünger die Wirkungen nicht gehabt haben könnte, die doch unleugbar vorliegen, ebenso unmöglich ist es, daß der Auferstehungsglaube selbst, wie er in Wirklichkeit vorhanden war, die Wirkung von Visionen gewesen sein kann. Ursach und Wirkung würden also nach jeder Seite im Mißverhältniß zu einander stehen, wenn man die objective Realität der Auferstehungsthatsache durch subjective Visionen zu ersetzen versucht.

Wir müssen indeß noch ein wenig bei dem: „am dritten Tage" und bei dem leeren Grabe verweilen. Gesetzt der Auferstehungsglaube der Apostel wäre in Folge von Visionen entstanden — jedenfalls hätte er dann nicht in so kurzer Zeit, schon am dritten Tage nach dem Tode Jesu vorhanden gewesen sein können. Zur Entwicklung visionärer Zustände war ohne Zweifel ein viel längerer Zeitraum erforderlich.[1]) Es hilft nichts, den „dritten" Tag als sprichwörtliche Redensart für eine verhältnißmäßig kurze Zeit zu erklären oder einen Unterschied zwischen auferstanden und erschienen zu machen und die Erscheinungen des Auferstandenen in eine spätere Zeit zu verlegen; denn durch die erste, übrigens auch unbeweisbare Annahme würde die erforderliche Zeit doch nicht gewonnen und die zweite Ausflucht erledigt sich durch die Thatsache, daß die Jünger eben durch die Erscheinungen des Auferstandenen von der stattgehabten Auferstehung erst Gewißheit erhielten. — Ebenso wie an der in allen Berichten bezeugten Zeitangabe: „am dritten Tage", scheitert die Visionshypothese an der ferneren Thatsache, daß das Grab, welches nahe bei Jerusalem, an einem bekannten Orte, sich befunden, leer gefunden wurde. „Sollte denn keiner der Anhänger Jesu, auch nicht der Besitzer des Gartens, so mißtrauisch oder neugierig gewesen sein, bei der Nachricht der Weiber von Jesu Auferstehung zum Grabe zu gehen und selbst nachzusehen? Keiner so ehrlich, beim geschlossenen Grabe eine etwaige Erscheinung für eine bloße Vision und Selbsttäuschung zu erklären? Keiner aus der großen Zahl der Feinde Jesu so klug, das Grab untersuchen und den Leichnam hervorholen zu lassen, da sie doch das größte Interesse haben mußten, die Anhänger Jesu offen Lügen zu strafen? Statt dessen sollen sie es vorgezogen haben, das Leergewordensein

---

[1]) Christlieb: „Moderne Zweifel am christlichen Glauben" 1870 p. 571 ff.

des Grabes zuzugestehen um den Vorwurf des Leichendiebstahls gegen die Jünger aufzubringen?? Welche Undenkbarkeiten werden uns da zu glauben zugemuthet?"[1]) Holsten[2]) entledigt sich allerdings dieser Instanz auf Grund seiner Voraussetzungen auf eine sehr bequeme Weise, er behauptet nämlich: nach der Anschauung, welche Paulus von Auferstehung überhaupt und von Jesu Auferstehung speciell gehabt haben müsse, sei der Leichnam des kreuzestodten Messias für seine Auferstehung zu einem neuen Leben ohne alle Bedeutung gewesen, denn der durch die Allmacht Gottes aus dem Todtenreiche heraufgeführte Jesus sei nicht wieder mit dem getödteten, sondern mit einem andern, einem neuen geistlichen Leibe, einem Lichtleibe bekleidet worden. Diese Anschauung müßten auch — wenigstens ursprünglich — die Urapostel gehabt haben, daher hätten sie auch Paulo als Beweis für die Auferstehung nichts von einem Verschwinden des Leichnams Jesu aus dem Grabe mitgetheilt, dieser Leichnam sei für alle, selbst für die Juden ganz gleichgültig gewesen. „Ist aber der Leib des Auferstandenen ein anderer als der des Gestorbenen so kann er durchaus kein Zeugnußmoment sein weder im Beweise noch im Gegenbeweise der Auferstehung Jesu und seiner Wiedererscheinung." Man ist in der That überrascht einer solchen Auskunft zu begegnen. Wie? Angesichts der vielen Stellen (Luc. 24, 39 ff. Joh. 20, 20, 27), welche die Identität des Leibes des Gekreuzigten mit dem des Auferstandenen, (Matth. 28, 6. Luc. 24, 3, 23. Joh. 20, 2 ff.), welche die Bedeutung des leeren Grabes für die Jünger wie für die Feinde Jesu (Matth. 28, 12 ff.) außer allen Zweifel setzen, soll der Leichnam Jesu für die Zeugen seiner Auferstehung gar keine Bedeutung gehabt haben? Wodurch anders sind sie denn von der Thatsache der Auferstehung überzeugt worden, als daß sie das Grab leer gefunden und Jesum mit demselben — wenn auch im Prozeß der Verklärung begriffnen — Leibe, der am Kreuz gehangen, mit ihren Augen geschaut und diesen Leib mit ihren Händen betastet haben? Und bestätigt nicht auch Paulus diesen Bericht sämmtlicher Evangelien? Aus welchem andern Grunde sollte er denn 1 Cor. 15, 4 das ὅτι ἐτάφη ausdrücklich hervorgehoben haben, als um dadurch zu bezeugen, daß eine Wiederbelebung des getödteten und begrabenen Leibes stattgefunden? Es ist abermals eine geschickte Frontveränderung, welche die Kritik sich erlaubt, daß sie um ihren Schluß herauszubringen, eine Vertauschung der Prämissen vornimmt. Statt nämlich durch historische Beweise die Berichte von der Leerheit des Grabes und der Identität des Leibes des Gekreuzigten und Auferstandenen zu widerlegen, betritt sie den Weg dogmatischer Conclusion. Während Paulus von der Thätigkeit der Auferstehung Jesu einen Schluß auf die Thatsächlichkeit der Auferstehung der Todten macht, schließt die Kritik von der Qualität des Auferstehungsleibes der Christen — wie der Apostel sie sich müsse gedacht haben — auf die Qualität des Auferstehungsleibes Christi. Endlich während es sich darum handelt die Beschaffenheit der Erscheinungen des Auferstandenen vor seinen ersten Zeugen unabhängig von der paulinischen Christophanie zu constatiren, um auf diese von jener einen Analogieschluß zu machen,

---

[1]) Christlieb a. a. O. p. 573.
[2]) A. a. O. p. 126 ff.

bestimmt die Kritik auf Grund der vermeintlichen Auferstehungslehre Pauli die Qualität der Christophanien vor den Uraposteln! Auf die sachliche Seite der Holstenschen Deduction, die trotz des Radikalmittels, das sie in Anwendung bringt, die Bedeutung des leeren Grabes als Zeugenmomentes für die Auferstehung vergeblich zu entkräften sucht, auf den Zusammenhang zwischen der Auferstehung Christi und der Christen werden wir sogleich weiter einzugehen haben.

Zuvor ist nämlich noch eines andern wichtigen Umstandes zu gedenken. Paulus bezeichnet (1 Cor. 15, 8) die damascenische Christophanie als die letzte in der Reihe der erwähnten Erscheinungen des Auferstandenen ($\H{\epsilon}\sigma\chi\alpha\tau o\nu$ $\pi\acute{\alpha}\nu\tau\omega\nu$ wobei es ganz gleichgültig bleibt ob man $\pi\acute{\alpha}\nu\tau\omega\nu$ als neutrum oder, wie es wahrscheinlicher ist, als mascalinum faßt). Durch diese Aussage ist ohne Zweifel constatirt, daß seit dem wunderbaren Ereignisse, welches die Bekehrung des Apostels bewirkte, keine Erscheinung des Auferstandenen stattgefunden hat, die den angeführten wesensgleich gewesen. Nun hat aber Paulus (act. 22, 17. 2. Cor. 12) und haben auch andre Jünger (act. 9, 10 ff. apoc. 1, 12 ff. 2c.) seitdem Visionen Christi gehabt — wenn diese also von den genannten Erscheinungen des Auferstandenen ausdrücklich unterschieden sind und der Beweis für die Auferstehung Jesu auf die letzteren allein beschränkt wird, sind sie dadurch nicht als einzig in ihrer Art, als objective Realitäten gekennzeichnet? Wenn dem Apostel aber nur die ihm als $\H{\epsilon}\kappa\tau\rho\omega\mu\alpha$ gewordene, den Offenbarungen des Auferstandenen vor den Uraposteln gleichartige und in dieser Gleichartigkeit letzte Christuserscheinung, nicht aber die vielen späteren $\H{o}\pi\tau\alpha\sigma\acute{\iota}\alpha\iota$ Beweiskraft für die Thatsächlichkeit der Auferstehung Jesu haben, so folgt daraus mit Nothwendigkeit, daß er selbst die damascenische Christophanie für eine Thatsache von objectiver Wirklichkeit, nicht aber für eine Vision gehalten hat. Damit ist denn zugleich jedes auf die späteren Visionen Pauli (resp. auch der übrigen Apostel) gestützte Zeugenmoment für die bloß visionäre Beschaffenheit der damascenischen Christuserscheinung ein für alle Mal beseitigt. Denn diese späteren Visionen sind von dem Apostel selbst als etwas specifisch von der ihm als $\H{\epsilon}\kappa\tau\rho\omega\mu\alpha$ gewordenen einzigartigen Christuserscheinung verschiedenes bezeichnet.

Fassen wir jetzt den weiteren Zusammenhang der Beweisführung 1 Cor. 15 ins Auge. Gegenüber einer Anzahl Corinthischer Christen, welche die Lehre von der Auferstehung der Todten verflüchtigten, will der Apostel den Nachweis liefern, daß die leiblich Todten wirklich auferstehen und mit einem neuen Leibe bekleidet werden. Wenn er nun diesen Nachweis durch die Hinweisung auf die Auferstehung Christi als unwiderleglich geführt erachtet, muß er dann nicht diese selbst als eine Thatsache von objectiver Wirklichkeit angesehen haben? Ist ihm aber die Auferstehung Jesu selbst eine solche Thatsache, so kann er auch unmöglich die Erscheinungen des Auferstandenen als Visionen aufgefaßt haben. Aus Visionen Todter wird nämlich niemals ein beweisender Schluß auf ihre Auferstehung gezogen. Bei der Verklärung haben die Jünger z. B. Mosen und Elian „im Gesicht" gesehen (Matth. 17, 9), aber ein Beweis für ihre Auferstehung wird auf solche Vision nicht gestützt (cf. v. 20: $X\rho\iota\sigma\tau\grave{o}\varsigma$ — $\mathring{\alpha}\pi\alpha\rho\chi\acute{\eta}$ $\tau\tilde{\omega}\nu$ $\kappa\epsilon\kappa o\iota\mu\eta\mu\acute{\epsilon}\nu\omega\nu$ $\mathring{\epsilon}\gamma\acute{\epsilon}\nu\epsilon\tau o$. $\pi\rho\omega\tau\acute{o}\tau o\kappa o\varsigma$ — act. 26, 23. Col. 1, 18. apoc. 1, 5 — vor ihm ist also kein Auferstandener da). Auch seine eignen spätern Christusvisionen bringt Paulus mit der Auferstehung durchaus nicht in Verbindung. Nur wirkliche Erscheinungen des Auferstandenen sind also Beweise für die Thatsächlichkeit der Auferstehung. Der Schluß auf die Beschaffenheit der Christuserscheinung vor Damaskus ergiebt sich daraus von selbst.

Der Verflüchtigung der Auferstehungslehre gegenüber, wie sie in Corinth stattgehabt zu haben scheint, betont der Apostel, daß die Todten in der Auferstehung mit einem Leibe, zwar nicht mit einem fleischlichen, sondern mit einem geistlichen, verklärten, himmlischen, aber doch immer mit einem Leibe ($\sigma\tilde{\omega}\mu\alpha$) bekleidet werden würden. Da nun die Auferstehung der Christen geschieht wie in Kraft und auf Grund, so auch nach Analogie der Auferstehung Christi, so folgt, daß auch Christus mit einem Leibe, natürlich einem pneumatischen, himmlischen Leibe auferstanden ist. Ist aber Christus mit einem Leibe, also leiblich auferstanden, so ist er auch leiblich — nicht $\dot{\epsilon}\nu\ \sigma\alpha\rho\varkappa i$ wie die Kritik durch künstliche Verwechslung die Auferstehungsberichte entstellt, sondern $\dot{\epsilon}\nu\ \sigma\acute{\omega}\mu\alpha\tau\iota$ — erschienen; ist er aber leiblich, $\dot{\epsilon}\nu\ \sigma\acute{\omega}\mu\alpha\tau\iota$ erschienen, so ist er auch gesehen worden, so sind die Erscheinungen des Auferstandenen nicht Visionen sondern thatsächliche, äußere Vorgänge gewesen.

Aber, wendet sofort Holsten ein, das $\sigma\tilde{\omega}\mu\alpha$, mit welchem nach der paulinischen Lehre die Todten in der Auferstehung bekleidet werden, hat mit dem Leibe, den sie auf dieser Erde gehabt, ganz und gar nichts zu schaffen, es ist ein ganz andrer, ein neuer, ein von Gott erst geschaffener himmlischer Lichtleib. Dadurch werden sämmtliche obige Schlußfolgerungen sofort hinfällig, denn dann ist auch der Leib, mit welchem der auferstandene Jesus bekleidet gewesen, nicht derselbe der am Kreuz gehangen und im Grabe gelegen, sondern ein neuer himmlischer Lichtleib; dieses $\sigma\tilde{\omega}\mu\alpha\ \pi\nu\epsilon\upsilon\mu\alpha\tau\iota\varkappa\grave{o}\nu\ \varkappa\alpha\grave{\iota}\ \dot{\epsilon}\pi o\upsilon\varrho\acute{\alpha}\nu\iota o\nu$, das Gott erst für ihn bereitet hat, ist aber nur für ein visionäres nicht für das wirkliche Sehen mit dem leiblichen Auge offenbar. Was wollen wir hierzu sagen? Offenbar lehrt der Apostel, daß „Fleisch und Blut das Reich Gottes nicht ererben können" (v. 50), daß der sarkische, irdisch-materielle Leib, welcher als ein Samenkorn in das Grab gelegt wird, nicht der Auferstehungsleib ist (v. 36 ff). Daraus folgt aber keineswegs, daß dieser letztere mit dem Erdenleibe, den wir jetzt tragen in absolut keinem Zusammenhange stehe. Der jetzige Erdenleib ist vielmehr der Same, der Keim für den himmlischen Leib. Wie das Samenkorn selbst verwes't, so verwes't $\sigma\alpha\varrho\xi\ \varkappa\alpha\grave{\iota}\ \alpha\tilde{\iota}\mu\alpha$, das irdisch-Materielle, das sündlich-Unverklärbare des Erdenleibes. Dieser Verwesungsprozeß ist aber kein Grund zum Zweifel an der Auferstehung des Leibes, denn wenn selbst im Naturreiche aus dem Tode Leben kommt, wenn aus dem verwesenden Samenkorne die neue Frucht hervorwächst, warum nicht auch aus dem verwesten Menschenleibe, der verklärte Auferstehungsleib, der im irdisch-materiellen Sinne Fleisch und Blut nicht mehr an sich trägt? Hätte es denn überhaupt noch einen Sinn von einer Auferstehung des Leibes zu reden, wenn eine Neuschöpfung von dem Apostel darunter verstanden wurde? Entweder hat Paulus unnatürlich sich ausgedrückt, was nicht annehmbar, oder die Kritik bemüht sich den klaren Sinn der klaren Worte unnatürlich auszulegen. Daß Paulus eine Zusammenhanglosigkeit zwischen dem irdischen und himmlischen, dem Verwesungs- und Auferstehungsleibe nicht lehrt, erhellt aufs aller Gewissseste aus v. 51 ff. (cf. 2 Cor. 5, 2.

Phil. 3, 21), wo von denen, die nicht sterben, sondern den Tag der Wiederkunft Christi erleben werden, nicht gesagt wird, daß sie einen andern Leib empfangen, sondern daß ihr sarkischer Leib durch eine Verwandlung verklärt werden und so das Verwesliche die Unverweslichkeit und das Sterbliche die Unsterblichkeit anziehen soll. Es ist also ebenso paulinische Lehre, daß Fleisch und Blut das Reich Gottes nicht ererbt, wie daß der Leib von Fleisch und Blut das Samenkorn für den pneumatischen Auferstehungsleib ist, daß der irdisch=materielle Leib verwes't, wie daß der himmlisch immaterielle Auferstehungsleib mit ihm im Zusammenhange steht und durch eine verklärende Verwandlung auf eine mysteriöse Weise aus ihm hervorgeht. Was ergiebt sich nun hieraus für den Auferstehungsleib Christi? Offenbar, daß es mit ihm gegangen sein wird nach Analogie von v. 51 ff., nämlich daß eine verklärende Verwandlung mit ihm stattgefunden und zwar daß diese Verwandlung, da die Himmelfahrt nicht sofort nach der Auferstehung folgte, sich nach und nach vollzogen, also ein Prozeß der Vergeistigung gewesen ist. Während bei den Todten, die erst am Tage der Wiederkunft erweckt werden, der Zusammenhang des geistlichen Auferstehungsleibes mit dem verwes'ten sarkischen Erdenleibe schwer erkennbar ist, fällt dieser Zusammenhang wie bei den in der Parusie Verwandelten so auch bei dem auferstandenen Jesus sofort ins Auge. So sehr die Auferstehung der Christen auch geschieht nach Analogie der Auferstehung Christi, so ist der Unterschied zwischen beiden doch auch nicht zu übersehen. Die Christen werden wieder beleibt in der Auferstehung am jüngsten Tage, Christus ist auferstanden am dritten Tage. Bei ihm konnte es also zu einer Verwesung des Leibes nicht gekommen sein und je näher die Wiederbelebung desselben an die Tödtung herangerückt war, desto ähnlicher ist natürlicher der Verklärungsprozeß einer Verwandlung. Der Auferstandene hat wohl einen andern, aber er hat nicht einen wesentlich neuen Leib, einen durch Verwandlung sich verklärenden aber nicht einen im Himmel für ihn geschaffenen. Diese aus einer unbefangenen Auslegung der paulinischen Auferstehungslehre sich ergebende Anschauung des Apostels über die Leiblichkeit des Auferstandenen findet nun auch eine ganz überraschende Bestätigung in den Berichten der Evangelien über die Erscheinungen des Auferstandenen. Die Jünger kennen den Herrn und kennen ihn auch nicht, der Auferstandene ißt vor ihnen und kommt durch verschlossene Thüren. Der Leib, mit dem er erscheint, ist derselbe der am Kreuze gehangen und im Grabe gelegen, er trägt die Wundenmale ꝛc., aber er ist so zu sagen seinen Grundstoffen nach ein anderer, er befindet sich in einem Verwandlungsprozesse geistiger Verklärung bis er ganz durchgeistigt aufgehoben wird gen Himmel. Es bleibt also dabei, daß der im Grabe gelegene Leib wieder belebt worden und daß Christus mit diesem aber in eine pneumatische Existenzform verwandelten Leibe erschienen und auch gen Himmel gefahren ist, und daß folglich wie die Erscheinungen vor den Uraposteln so auch die vor Paulus auf dem Wege nach Damaskus nicht Visionen sondern wirkliche äußerliche Vorgänge gewesen sind.

Gedenken wir endlich noch mit wenigen Worten des negativen Beweises, den der Apostel 1 Cor. 15, 13 ff. für die Auferstehung, d. h. für die objective Thatsächlichkeit der Auferstehung Christo führt. So sehr ist ihm die Thatsache der Auferstehung Grund und Centrum der ganzen christlichen Heilswahrheit,

Lebenshoffnung und Glaubensarbeit, daß er schreibt: „Ist aber Christus nicht auferstanden — so ist euer Glaube eitel, so seid ihr noch in euren Sünden, so sind auch die, so in Christo entschlafen sind, verloren. Hoffen wir allein in diesem Leben auf Christum, so sind wir die elendesten unter allen Menschen." Es liegt auf der Hand, daß ein Mann wie der Apostel Paulus eine Thatsache von so eminent fundamentaler und weittragender Bedeutung mit einer solchen triumphirenden Gewißheit, wie sie die Beweisführung 1 Cor. 15 durchzieht, nur bezeugen kann, wenn er auf unwiderlegliche Weise von ihr überzeugt worden ist. Er ist sich der ganzen Größe der Verantwortung eines Zeugen der Auferstehung wohl bewußt. „Ist aber Christus nicht auferstanden — sagt er v. 14 f. — so ist unsre Predigt vergeblich. — Wir würden aber auch erfunden als falsche Zeugen, daß wir wider Gott gezeuget hätten, er hätte Christum auferweckt, den er nicht auferweckt hätte." Auf einer Seite muß nothwendig $\psi\varepsilon\upsilon\delta o\mu\alpha\varrho$-$\tau\upsilon\varrho\iota\alpha$ sich finden, entweder auf der Seite der historischen Kritik, welche die Thatsächlichkeit der Auferstehung leugnet oder auf der Seite Pauli, der sie behauptet. Hat die Kritik Recht, so muß nothwendig Paulus und der ganze Chor der von ihm angeführten Zeugen Unrecht haben — also Paulus und Petrus und Jakobus und die sämmtlichen Apostel und die 500 Brüder sind — $\psi\varepsilon\upsilon\delta o\mu\alpha\varrho\tau\upsilon\varrho\varepsilon\varsigma$! Abgesehen nun davon, daß diese Annahme schon darum alles wider sich hat, weil die Apostel als der Sache nahe stehend, als durch und durch geheiligte Personen, als Märtyrer für ihr Zeugniß glaubwürdiger sind als die moderne Kritik, — sie ist nach allen Seiten hin undenkbar. Das Zeugniß der Apostel beruhte dann jedenfalls auf einer Täuschung. Entweder hätten sie die Sache besser gewußt und dennoch die Auferstehung als eine wirkliche Thatsache verkündet, dann wären sie absichtliche Betrüger gewesen, eine Annahme, die so absurd ist, daß auch die Gegner der Auferstehung es nicht wagen im Ernst sie aufzustellen und also eine Widerlegung überflüssig ist. Oder sie hätten die Sache nicht besser gewußt, sondern im guten Glauben gehandelt, dann wären sie Betrogene gewesen. Wir sehen jetzt ganz ab von der Möglichkeit oder Nichtmöglichkeit des Selbstbetrugs in diesem Falle, da dieser Punkt erst an einer späteren Stelle unsrer Untersuchung zur Sprache kommen kann — und fragen nur: ist das Leben der Apostel, ist ihre großartige (nicht vergebliche) Wirksamkeit, ist die Gründung und der Bestand einer großen gläubigen Gemeinde, ist überhaupt die Existenz des Christenthums denkbar, wenn die centralste und fundamentalste seiner Heilsthatsachen (v. 13 ff.) auf einer Täuschung, einem Truge beruhte? Wäre die Annahme, daß es so sei, nicht eine durch und durch unsittliche? Hätte dann Gott, der die $\psi\varepsilon\upsilon\delta o\mu\alpha\varrho$-$\tau\upsilon\varrho\iota\alpha$ mit dem großartigsten Erfolge gekrönt, den die Weltgeschichte je erlebt hat, nicht nach dem Grundsatz gehandelt, daß der Zweck das Mittel heiligt? Aber ist Gott nicht ein Gott der Wahrheit und zwar der Wahrheit im objectiven Sinne, kann er, ohne sich selbst zu verleugnen und seine ewige sittliche Weltordnung zu untergraben, sein größtes Gebäude auf eine Täuschung also, auf eine Unwahrheit im objectiven Sinne gründen? Hat man auch je Trauben gelesen von den Dornen oder Feigen von den Disteln? Wenn sonst nirgends, hier muß die Annahme der Kritik von einer $\psi\varepsilon\upsilon\delta o\mu\alpha\varrho\tau\upsilon\varrho\iota\alpha$ der Apostel scheitern. Hätte ihr Auferstehungsglaube auf einer Täuschung, auf einer objectiven Unwahrheit beruht, d. h. wäre Christus nicht wirklich auferstanden — Gott, der Gott der Wahrheit hätte seine Verkündigung nicht zum Fundament einer christlichen Gemeinde, nicht zur Trost- und Friedensquelle von Millionen Gläubigen im Leben und im Sterben, nicht zu einer die Herzen regenerirenden Kraft gemacht. Ist es aber unmöglich, daß die Apostel „falsche Zeugen" (im objectiven Sinne) sind in Bezug auf die Thatsächlichkeit der Auferstehung, so sind sie es auch unmöglich in Bezug auf die Thatsächlichkeit der Erscheinungen des Auferstandenen, denn die letzteren sind eben die Hauptbeweise für die erstern (v. 5 bis 8). Die Annahme der Kritik ist demnach unhaltbar, daß wir es an unsrer Stelle mit bloßen subjectiven Visionen zu thun hätten, denn diese Annahme kostete nicht weniger als den Glauben an einen Gott der Wahrheit und an eine auf das Fundament der Wahrheit gegründete sittliche Weltordnung. Sind nun aber die Urapostel in Bezug auf die vor ihnen geschehenen Erscheinungen des Auferstandenen keine falschen Zeugen, so kann auch Paulo keine $\psi\epsilon\nu\delta o\mu\alpha\rho\tau\upsilon\rho\iota\alpha$ imputirt werden, er hat sich nicht geirrt sondern den Auferstandenen vor Damaskus in Wahrheit, d. h. in Wirklichkeit, $\epsilon\nu$ $\sigma\omega\mu\alpha\tau\iota$ geschaut.

Somit wäre denn auch der zweite Angriffspunkt gegen die thatsächliche Wirklichkeit der paulinischen Christophanie beseitigt: **das Selbstzeugniß des Apostels stimmt mit dem Berichte der Apostelgeschichte durchaus überein.**

Allein auch durch diese Harmonie des Selbstzeugnisses des Apostels mit der Erzählung des apostelgeschichtlichen Berichterstatters ist die Kritik nicht zufrieden gestellt. Selbst wenn sie zugiebt, es stehe historisch fest, daß Paulus Christum geschaut habe und daß er von der objectiven Realität seines Christusschauens überzeugt gewesen,[1]) daß er Jesum gesehen zu haben glaubte,[2]) hat sie noch eine letzte und eigentlich ihre Hauptinstanz gegen die Wirklichkeit der behaupteten Christuserscheinung geltend zu machen. Sie verläßt nämlich den Boden der Geschichte und begiebt sich auf den der Dogmatik resp. der Philosophie. Müßte die von dem Apostel behauptete Christuserscheinung als eine Thatsache von objectiver Realität zugegeben werden, so gäbe es ein Wunder, eine Transcendenz und durch diese Concession ginge ein Riß durch die moderne Weltanschauung, welcher die historische Kritik huldigt. Die Kritik, sofern sie eine historische, kann es nicht leugnen, daß wie für die acta so auch für Paulus festgestanden, „die Schauung Christi sei die Folge einer objectiv-realen Wiedererscheinung des am Kreuze getödteten, von Gott zu neuem Leben auferweckten und dadurch als Messias bewiesenen Jesus gewesen." Aber „da sich diese Ueberzeugung nicht verträgt mit den im denkenden Geiste der Gegenwart anerkannten Weltgesetzen so sieht sich die dogmatische Kritik außer Stande die Wirklichkeit und Möglichkeit einer solchen Wiedererscheinung Christi in objectiver Realität anzuerkennen."[3]) Der historisch-kritischen Theologie steht es nämlich außer Zweifel, es ist ihr auf der „Gewißheit des denkenden Geistes wie auf der Ueberzeugung

---

[1]) Holsten a. a. O. p. 8.
[2]) Baur a. a. O. p. 65.
[3]) Holsten p. 9. Aehnlich Zeller a. a. O. p. 197: Die letzte Entscheidung der Frage über die Geschichtlichkeit oder Ungeschichtlichkeit der qu. Christophanie liegt außerhalb der rein historischen Untersuchung, auf dogmatischem Gebiete.

des religiösen Gemüths der Gegenwart" beruhendes Axiom:[1]) „wie nur Ein Gott zu aller Zeit gewesen, der gegenwärtige, so habe nur Ein Gesetz des Einen Gottes zu aller Zeit Natur und Geschichte bestimmt, das gegenwärtige; wie die Gegenwart aber durch immanente göttliche Kräfte gesetzmäßig ohne Wunder sich entwickle, so müsse sich auch die Vergangenheit ohne Wunder, gesetzmäßig durch immanente göttliche Kräfte gestaltet haben." Auf Grund dieser Voraussetzung muß nun natürlich die historische Kritik auch die paulinische Christophanie, „das letzte Bollwerk für die Transcendenz der christlichen Offenbarung", „als einen immanenten psychologischen Act des eignen Geistes Pauli zu begreifen suchen, da sie allein unter der Herrschaft des Gesetzes der immanenten Entwicklung des menschlichen Geistes aus innerweltlichen Causalitäten steht."[2])

Sollen wir nun der kritischen Theologie auf das dogmatisch=philosophische Gebiet folgen und gegenüber ihrer übrigens ohne Beweis aufgestellten Behauptung von der, jeden transcendenten Akt und Einfluß ausschließenden, auf bloßen innerweltlichen Causalitäten beruhenden Entwicklung den Nachweis versuchen, daß dieser Standpunkt der reinen Immanenz ein unhaltbarer, die Räthsel der reichsgöttlichen Geschichte unlösbarer, die Transcendenz hingegen und mit ihr das Wunder mit der Idee des Einen Gottes nicht nur vereinbar sondern nothwendig aus ihr resultirend und für die Entwicklung der Offenbarungsgeschichte unentbehrlich sei? Allein, so wenig wir uns auch vor einer solchen Beweisführung glauben fürchten zu dürfen, so will uns doch bedünken, daß wir mit ihr uns desselben Fehlers schuldig machten, den wir der kritischen Theologie vorwerfen, nämlich daß wir eine zunächst rein historische Frage auf dogmatisch=philosophischem Gebiete zum Austrag brächten. Auf diese Weise ist für die Kritik das Urtheil präjudicirt. Sie geht mit einem dogmatischen Vorurtheil an eine rein historische Untersuchung, das Urtheil ist gefällt, ehe diese eigentlich begonnen hat und es ist leicht begreiflich, daß sie dann herausbringt, was sie herausbringen will und daß die historische Kritik die gehorsame Magd der dogmatischen wird. In jeder, also auch in der uns vorliegenden, historischen Frage muß die Untersuchung aber doch den Gang nehmen, daß sie das Zeugniß der vorhandenen Quellen unbefangen prüft und wenn dieses Zeugniß nach allen Seiten hin die Prüfung besteht es acceptiren und das bezeugte Ereigniß als historisch gelten lassen, die Schlüsse, die sich daraus ergeben, mögen sein, welche sie wollen. Ein dogmatisches Urtheil wird die **Consequenz** einer solchen Untersuchung sein, aber es darf nicht ihre **Voraussetzung** bilden. Seine Voraussetzung bildet es aber ausgesprochenermaßen bei der kritischen Theologie und damit ist es eben ein Vorurtheil geworden. Wir können also dem von ihrem dogmatischen Standpunkte aus erhobenen Widerspruche der Kritik gegen die Geschichtlichkeit der damascenischen Christophanie als einem Vorurtheile ein Gewicht nicht beilegen, obgleich wir uns durchaus nicht verhehlen, daß es ein vergebliches Bemühen ist, dem Standpunkte der reinen Immanenz, der nur mit innerweltlichen Causalitäten rechnet, den Beweis zu führen, daß dieser Widerspruch unstichhaltig ist. Wo der biblische Gottesbegriff aufgegeben,

---

[1]) Derselbe p. 4 f.
[2]) Derselbe p. 6 u. 65.

da ist natürlich auch ein Verständniß und eine Anerkennung der biblischen Gottes=
thaten unmöglich. Nur darf dann diese durch ihren dem biblischen substituirten
neuen Gottesbegriff eben neue Theologie, sich ebensowenig für biblisch aus=
geben, wie beanspruchen als rein historisch, und voraussetzungslos zu
gelten.

Aber die Kritik begnügt sich nicht das Wunderbare des qu. Ereignisses im
Allgemeinen gegen seine Geschichtlichkeit geltend zu machen, sie findet in dem
apostolischen Berichte von der Bekehrung Pauli speciell ein „psychologisches
Wunder" und erklärt also auch auf Grund psychologischer Bedenken außer
Stande zu sein, die damascenische Christophanie als eine Thatsache von objectiver
Realität anzuerkennen.

Würde nun unter psychologischem Wunder das inwendige Geheimniß der
Bekehrung und zwar einer solchen Bekehrung, die aus einem Saulus einen Pau=
lus macht und das Unzulängliche der rein natürlichen, d. h. mit Ausschluß jeder
transcendenten Einwirkung bloß immanente psychologische Factoren in Rechnung
setzenden Erklärung verstanden, so hätten wir durchaus keine Veranlassung ein
solches in Abrede zu stellen. In diesem Sinne ist eben jede gründliche Bekeh=
rung ein psychologisches Wunder. Man mag den Prozeß, auf welchem sie zu
Stande gekommen aufs sorgfältigste zu analysiren und noch so viele wirkende
menschliche Factoren aufzuzeigen im Stande sein, es wird doch immer bei
dem bekannten Worte Jesu bleiben: „der Wind bläset wo er will und du hörest
sein Sausen wohl, aber du weißt nicht, von wannen er kommt und wohin er
fährt. Also ist ein jeglicher, der aus dem Geist geboren ist." Die vollständige
Veränderung der Verstandes=, Willens= und Herzensrichtung eines Menschen
durch seine Bekehrung zu dem lebendigen Gott ist immer ein so großes Ding,
daß auch die feinste psychologische Analyse einen letzten geheimnißvollen Factor
den sie aus rein immanenten Causalitäten nicht herausbringen kann, zugestehen
muß. So erkennt denn auch der Meister der kritischen Schule und zwar beim
Abschluß seiner Forschungen am Ende seines Lebens in der Bekehrung Pauli ein
solches geheimnißvolles Etwas an, wenn er ausdrücklich erklärt, daß „keine, weder
psychologische noch dialectische Analyse das innere Geheimniß des Aktes erforschen
könne, in welchem Gott seinen Sohn in ihm enthüllte."[1])

Allein die kritische Theologie versteht das psychologische Wunder im specifi=
scheren Sinne, sie versteht darunter einen „gewaltsamen Eingriff in das innerste
Geistesleben" des Apostels, einen zwingenden Einfluß, der die freie Entscheidung
ausschließe, eine magische Gewalt, die die psychologischen und ethischen Gesetze
des geistigen Werdens mißachte, ja aufhebe. Gegen diese Fassung des psycholo=
gischen Wunders müssen wir aber den entschiedensten Protest einlegen, denn sie ist
eine Verkehrung des wirklichen Sachverhalts.

Ist der auferstandene Christus dem Paulus in Wirklichkeit erschienen, so läßt
sich allerdings nicht leugnen, daß er mit Energie, ja wir wollen getrost sagen
mit einer gewissen Gewalt seinem Verfolger entgegengetreten. Er hat einen Kraft=
angriff auf ihn unternommen. Aber ein ganz ander Ding ist es: einen Ge=
waltangriff auf einen Menschen unternehmen und einen gewaltsamen Eingriff

---

[1]) Kirchengeschichte der drei ersten Jahrhunderte 1863. p. 45.

in sein innerstes Geistesleben sich erlauben. Ein Gewaltangriff wird natürlich einen gewaltigen Eindruck machen, aber der Eindruck ist noch lange kein Eingriff in sein innerstes, freies Personleben. Auch gegen die gewaltigsten Eindrücke kann sich der Mensch wehren und unempfänglich verhalten, wie beispielsweise die Geschichte Bileams beweist, der trotz des auffallenden Wunders, das an ihm geschah, seinen Sinn nicht änderte. Und zwar je energischer die Persönlichkeit desto leichter das negative Verhalten. Es unterliegt keinem Zweifel, daß auch der fanatische, willenskräftige Saulus gegen den auf ihn unternommenen Angriff sich zur Wehre zu setzen und in seinem Widerstande gegen Christus zu verharren die Macht hatte. Seine Bekehrung war durch die Christuserscheinung keine zwingende Nothwendigkeit geworden. Es sollte ihm allerdings schwer ($\sigma\kappa\lambda\eta\rho\acute{o}\nu$) werden gegen den Stachel zu löcken, aber unmöglich war es ihm doch nicht gemacht. Wenn Paulus (act. 26, 19) erklärt: „ich war nicht ungehorsam" ($o\dot{\upsilon}\kappa\ \dot{\varepsilon}\gamma\varepsilon\nu\acute{o}\mu\eta\nu\ \dot{\alpha}\pi\varepsilon\iota\vartheta\acute{\eta}\varsigma$), so ist das ein deutlicher Beweis, daß er sich nach freier Entschließung und aus Ueberzeugung unterwarf.

Allerdings bezeichnet er seine Bekehrung als die eines $\check{\varepsilon}\kappa\tau\rho\omega\mu\alpha$, d. h. weniger als eine unzeitige denn vielmehr als eine durch eine gewisse Gewalt und Plötzlichkeit erfolgte Geburt.[1]) Allein dadurch will er offenbar nicht die Unwiderstehlichkeit sondern die allmächtige Kraft der göttlichen Gnade ausdrücken, die selbst aus einem Verfolger der Gemeinde einen Apostel Jesu Christi zu machen vermocht habe. Der Ausdruck ist ein Bekenntniß der Demuth des Apostels, aber nicht ein Beweis seiner Willenlosigkeit bei seiner Bekehrung. So gewaltig auch die göttliche Gnade auf ihn wirkte, so hob sie doch keinen Augenblick die Bedingungen eines freien, verantwortlichen Geschöpfes auf, das gleich fähig ist, die göttliche Gnade anzunehmen wie sie zu verwerfen. Wenn Paulus sie nicht verwarf, so kam das nicht daher weil er nicht verwerfen konnte, sondern weil er es nicht wollte, und er wollte es nicht, weil eine Aufrichtigkeit und Bereitheit in ihm war, der erkannten Wahrheit zu dienen, auch wenn dies um den Preis der Aufgabe des bisherigen Standpunktes geschehen mußte. Er war aus der Wahrheit, darum hörte er Jesu Stimme und gehorchte ihr. Hier ist das menschliche, persönliche Element, das die psychologische Vermittlung der Bekehrung bildet und es verbietet von einem magischen Eingriff in sein Geistesleben zu reden. Ein Kaiphas oder Pilatus, desselben Wunders wie Paulus gewürdigt, wäre nicht bekehrt worden, einfach darum nicht, weil die Gnade Gottes, wenn sie auch noch so souverän, allmächtig und überwältigend an den Menschen herantritt, doch niemals willkürlich, d. h. magisch wirkt, sondern stets die psychologischen und sittlichen Gesetze achtet, die sie selbst in den Menschengeist gelegt hat.

Es dürfte durch diese Bemerkungen bereits hinlänglich erwiesen sein, daß seitens der Psychologie sich ein Bedenken gegen die Geschichtlichkeit des qu. Ereignisses nicht geltend machen läßt. Es will uns vielmehr bedünken, daß gerade die Psychologie ein gewichtiges Moment für sie in die Wagschale legt. Vergegenwärtigen wir uns das Bild, welches die Neutestamentlichen Urkunden von dem Pharisäer und Verfolger Jesu Christi Saulus entwerfen. Was für eine Willens-

---

[1]) cf. Baur der Ap. Paulus p. 652 u. Calvin zu 1 Kor. 15, 8: ac primum quidem se comparat abortivo, idque subitae suae conversionis respectu. . . Paulus vixdum bene concepto spiritu vitali ex utero proiectus fuerat.

energie findet sich mit dem größten rabbinischen Scharfsinn in diesem eben so fanatischen wie aufrichtigen jüdischen Jünglinge gepaart! Ist seine ganze Naturanlage nicht der Art, daß sie eine Bekehrung auf dem Wege ruhiger Entwicklung ausschließt? Versprach hingegen nicht ein gewaltiger Angriff, der das klare Denken des aufrichtigen Jünglings von der Wahrheit des Auferstehungsglaubens der Christen unwiderleglich überzeugte, ihn andern Sinnes zu machen? „Wie ein weiser Arzt jeden Kranken behandelt nach seiner besondern Natur, den Einen mit milden und langsamen Mitteln, den Andern mit raschen und hart angreifenden, so auch der Herr den Menschen, den er in seine Heilung nimmt. Bei raschen Feuerseelen, wie die Pauli war, muß die Umwandlung nach gehörigem Warten und Zusehen durch einen raschen, harten Angriff erfolgen — sonst bleibt es ewig bei ihnen im Alten, denn was für weichere Herzen schon ein Donnerschlag ist, ist für sie nur wie der Warner an der Uhr und auf solche bloße Warnzeichen, die in der Ruhe wohl können aufmerksam machen, hören kaum solche unruhige, von unverständigem Eifer betäubte Seelen. Einem von Drohen und Streitlust schnaubenden Saulus blitzt und donnert der Herr Zittern und Zagen in die Seele, während er einem von Wehmuth zerschmolzenen Petrus nur einen wehmüthigen Blick zusendet. Es erfüllt sich auch bei der Bekehrung in gewissem Sinne, was der Herr im Allgemeinen einmal sagte: „mit dem Maß, mit dem ihr andre messet, wird euch wieder gemessen!" Paulus hatte den Jüngern Angst und Schrecken zugemessen, eine Schreckenserscheinung, Zittern und Zagen mißt der Herr nun auch ihm zu, um ihn zu bekehren. O ein treuer, weiser Erzieher ist unser Herr, der da weiß, was jeder von uns für ein Gemächte ist und jeden so behandelt, wie es ihm dienen kann zu seinem Frieden."[1] Es wäre in der That eine lehrreiche Beschäftigung einmal den mannigfaltigen Wegen nachzuforschen, auf denen die einzelnen Diener Gottes zur Bekehrung gebracht worden sind — es würde eine staunenswerthe Fülle des Reichthums göttlicher Psychologie und Pädagogik an den Tag kommen! Je nach der Naturanlage, der Geistes- und Charakterbegabung, dem sittlichen und religiösen Standpunkte, dem Lebensgange ꝛc. des Menschen individualisirt sich die göttliche Bekehrungsmethode. Er giebt im tiefsten Sinne des Worts **jedem das Seine** und so entspricht auch das bei der Bekehrung Pauli in Anwendung gebrachte Mittel durchaus seiner Individualität. Dazu kommt, daß es sich bei dieser Bekehrung zugleich um die Berufung eines **Apostels** handelte. Um eine apostolische Autorität zu gewinnen und zu behaupten, bedurfte es aber einer unzweideutigen **Legitimirung**. Gott verschwendet seine Wunder nicht; aber man begreift ohne Mühe, daß er sich in diesem außerordentlichen Falle auch eines außerordentlichen Ereignisses bedient haben wird um dem auserwählten Rüstzeuge, das zum Apostel der Heiden designirt war, ein in den Augen der ganzen Kirche giltiges Zeugniß auszustellen.

Endlich möchten wir noch eines wichtigen Umstandes Erwähnung thun. So plötzlich zuletzt auch die Bekehrung Pauli herbeigeführt wurde, so fand die entscheidende Stunde den bisherigen Feind doch nicht unvorbereitet. Es findet nirgends, auch im Reiche Gottes nicht, eine Ernte statt ohne Aussaat und überall

---

[1] Beck: Christliche Reden. Erste Sammlung 1858 p. 517 f.

braucht der Same Zeit zur Reife. So ist auch der Apostel Paulus keine künstliche Treibhauspflanze gewesen. Wie in den Bäumen die Säfte zu circuliren beginnen längst ehe man schwellende Knospen bemerkt, so hatte die vorbereitende Gnade längst in Paulus ihr Werk ehe die entscheidende Stunde der Bekehrung schlug. Es ist nur ihre Art, daß sie im Verborgenen arbeitet und erst hinterher erkannt wird, wenn in Folge der Bekehrung die Decke von den Augen gefallen ist. Verwahren wir uns indeß sofort gegen ein Mißverständniß. Es ist so wenig unsre Meinung wie es die des Apostels ist, daß, gestützt auf dieses Wirken der vorbereitenden Gnade, die Umwandlung des Saulus in einen Paulus auch ohne ein äußeres wunderbares Ereigniß auf dem Wege rein innerlicher Entwicklung erklärbar wäre. Wenn man auch noch so viel Holz auf einen Haufen zusammenträgt, in Flammen wird auch der größte Haufe doch erst gesetzt, wenn man Feuer herzubringt. Nicht Paulus selbst hatte sich rein aus sich selbst innerlich so weit entwickelt, daß er eine Christusvision produciren und seine Bekehrung als die reife Frucht eines längeren innern Kampfes zu Stande kommen konnte. Wir werden später zu zeigen haben, daß eine solche Auffassung der historischen, wie der psychologischen Unterlage entbehrt. Das ist vielmehr die Meinung, daß die Gnade Gottes das Material zu dem Brande bereits gesammelt hatte, der durch die Christuserscheinung vor Damaskus in Paulus wie durch einen Blitz entzündet wurde, indem sie sein ganzes Leben darauf angelegt und dahin geleitet hatte, daß als die Stunde gekommen war, der Paulus geboren werden konnte, freilich immer als ein $\H{\epsilon}\kappa\tau\rho\omega\mu\alpha$, als eine Gewaltgeburt. Auf diese Art einer unter der beständigen Leitung der göttlichen Vorsehung sich vollziehenden innern Zubereitung zu einem Jünger und Apostel Jesu Christi weist Paulus selbst hin, wenn er sagt, es habe „Gott gefallen ihn von seiner Mutter Leibe an auszusondern und zu berufen durch seine Gnade, seinen Sohn zu offenbaren in ihm, damit er das Evangelium von ihm verkündige unter den Heiden" (Gal. 1, 15 f. cf. Röm. 1, 1 rc.). So lange er noch im Pharisäismus und Fanatismus gefangen war, war ihm selbst diese ihn zur Annahme und Verbreitung des Evangelii zubereitende Gnade nicht zum Bewußtsein gekommen, erst später, als er im Lichte des freimachenden Geistes Christi die Wege Gottes überschaute, hat er sie erkannt.

Und worin bestand diese vorbereitende Gnade? Man darf zunächst wohl schon den Umstand hierher rechnen, daß Paulus „von seinen Voreltern her Gott gedient hat im reinen Gewissen" (2 Tim. 1, 3, act. 23, 1), daß er also eine innerliche, ernste und daher aufrichtige Frömmigkeit besessen bereits als die Frucht einer gottesfürchtigen Erziehung, ja als den Segen einer heiligen Familientradition. Auf Grund solcher wahrhaft religiösen Richtung, die den Gottesdienst sowohl als innerliche That des Gemüths wie als äußerliche That des sittlichen Lebens ansah, wurde der im väterlichen Gesetz durch einen der ausgezeichnetsten Lehrer seines Volks mit allem Fleiß unterwiesene Jüngling (act. 23, 3) nicht blos mit seinem Kopfe sondern auch mit seinem Herzen ein Schriftgelehrter, der sich bemühte, die vom Gesetz erforderte Gerechtigkeit nach Kräften zu prästiren. Allerdings als er noch gefangen war in dem Wahne die Gerechtigkeit käme wahrhaftig aus dem Gesetz, war es ihm noch nicht zum klaren Bewußtsein gekommen, daß er fleischlich sei und unter die Sünde verkauft, aber er fühlte den Widerspruch zwischen

Sollen und Sein, zwischen Wollen und Können und die ergreifende Schilderung dieses Kampfes (Röm. 7, 7 ff.) dürfte wohl als das Ergebniß der Arbeit anzusehen sein, welche der Pharisäer Saulus unter dem Gesetze durchgemacht hat. Ohne daß er es ahnte wurde ihm, der das Gesetz mit ganzem Ernste zu halten sich bemühte, dasselbe ein „Zuchtmeister auf Christum" (Gal. 3, 24) und erfüllte sich an ihm die Verheißung Jesu: „so jemand will des Willen thun, der mich gesandt hat, der wird inne werden, ob diese Lehre von Gott sei oder ob ich von mir selber rede" (Joh. 7, 17).

Und mit dem gleichen sittlichen Ernst wie das Gesetz studirte der junge Pharisäer die Propheten. Freilich der gekreuzigte Christus war ihm ein Aergerniß und eine Thorheit und er hielt ihn so wenig für des Gesetzes wie der Propheten Erfüller. Aber mit einer durch seine innerliche Frömmigkeit geheiligten Hoffnung wartete er des Messias als des Trostes Israels, und als der Anstoß, den er von seinem pharisäischen Standpunkte aus an der Messianität Jesu von Nazareth nahm, durch den ihm gelieferten thatsächlichen Erweis seiner Auferstehung von den Todten gehoben war, fand der Israelit ohne Falsch keinen Grund mehr, diese Messianität zu leugnen.

Sehen wir davon ab, daß selbst in der kräftigen Feindschaft, mit welcher der junge Pharisäer gegen Christum eiferte ein Moment lag, das ihn für die Bekehrung und die spätere apostolische Wirksamkeit disponirte, sofern der Herr zu seinen Zeugen niemals laue, indifferente Leute, sondern nur solche gebrauchen kann, die voll Feuer, Kraft und Eifer sind, — sollte nicht die häufige Berührung, in welche er durch seinen Verfolgungseifer mit den Christen trat, mehr als ein Mal einen Stachel in sein Gewissen gedrückt haben? Wir sind weit entfernt davon die Eindrücke, welche der in seinem Fanatismus verblendete Saulus von dem im Leben, Leiden und Sterben sich bewährenden Glauben der jungen Gemeinde empfing, zu überschätzen, aber es scheint uns auch durchaus unstatthaft sie gänzlich zu leugnen. Allerdings enthalten die Neutestamentlichen Urkunden keine directen Angaben über solche Eindrücke und etwaige durch sie hervorgerufene innere Kämpfe, allein eine psychologische Schriftauslegung darf soviel jedenfalls zwischen den Zeilen lesen, daß der junge Uebereiferer für das väterliche Gesetz in dem ihm wohlbekannten Christenglauben eine große sittliche Macht erkannte und je und dann die Zweifelsfrage als eine Gewissensstimme sich ihm aufdrängen mochte, ob vielleicht nicht doch dieser Glaube mehr als Wahn und Betrug sein müsse? Freilich war es dann stets sein energisches Bemühen solche Gewissensstimme als eine Versuchung dadurch zu bekämpfen, daß er mit noch glühenderem Eifer sein Verfolgungswerk fortsetzte, aber Frieden mit Gott, dem er doch einen Dienst zu thun meinte, hat er ohne Zweifel dabei nicht gehabt.

Nicht in positiver Weise, daß er auf dem Wege eines innern Kampfprozesses nach und nach zur Ueberwindung seiner Zweifel an der Messianität Jesu gekommen, sondern in negativer Weise, daß er in seinem Zelotismus für die väterlichen Ueberlieferungen und in seinen Fanatismus gegen die Anhänger des Gekreuzigten keine Gewissensberuhigung fand, hatte die Gnade Gottes ihn für die Bekehrung vorbereitet. Darum mußte Saulus auch erst auf den Gipfel seiner Feindschaft wider den Herrn gelangt sein und den Bogen am allerstrafften gespannt haben, ehe die Stunde kommen konnte, in der er fähig war, der Stimme des ihn berufenden Jesus Gehör zu schenken. Seine auch auf dem Irrwege einer verkehrten Gottesdienstübung aufrichtige Frömmigkeit, sein ernster Hunger nach Gerechtigkeit, wie sie vor Gott gilt, seine durch das Studium der prophetischen Weissagung geläuterte Messiashoffnung, sein religiöser Eifer — selbst abgesehen von seiner Bekanntschaft mit so vielen ausgezeichneten Zeugen der christlichen Wahrheit und der Gewissensunruhe, von der er in seinem Zelotismus je und dann schwer bedrückt werden mochte — das alles war Zug des Vaters zum Sohne, der wenn auch dem Gezogenen selbst keineswegs bewußt, für die Bekehrung genügende psychologische Vermittlung bot.

Und wie psychologisch correct verläuft der Bekehrungsprozeß selbst nach dem biblischen Berichte! Als der Auferstandene in himmlischer Herrlichkeit seinem Verfolger erscheint und die ebenso ernste wie milde, ebenso drohende wie lockende Frage: „Saul, Saul, was verfolgst du mich?" an ihm gerichtet hat, da ist dem aufrichtigen und scharfsinnigen Manne zu jeder Entschuldigung der Mund geschlossen. Gewiß hat ihm schon früher mancher der Verfolgten eine ähnliche Frage vorgelegt und es wird dem geistesmächtigen und dialectisch begabten Pharisäer nicht an schlagenden Antworten gefehlt haben. Aber jetzt angesichts der himmlischen Erscheinung findet er zu einer Vertheidigung keinen Muth, er fühlt, daß er mit seiner Verfolgungswuth statt Gott einen Dienst zu thun vielmehr einen Frevel gegen ihn begangen, er ahnt seine Schuld. Aber der an Klarheit und Consequenz in seinem Denken gewöhnte Mann will sich mit Ahnungen und Gefühlen nicht begnügen, er will Gewißheit haben, sollte die ihm werdende Erkenntniß den Pfeil auch noch tiefer in das verwundete Gewissen hineindrücken. Daher statt einer Verantwortung eine Frage: „Herr, wer bist du?" Mit klaren Worten wird ihm nun gesagt, was er ohne Zweifel bereits geahnt: „Ich bin Jesus, den du verfolgst" und der im Staube liegende Saulus wird voll „Zitterns und Zagens". Wie Schuppen ists ihm von den Augen gefallen. Jesus lebt, denn er redet mit ihm, es ist also wahr, was der Christenglaube behauptet, Jesus, der Gekreuzigte, ist auferstanden von den Todten, dadurch ist das Aergerniß seines Kreuzes beseitigt und er selbst legitimirt als der Messias, als der Sohn Gottes, als der Herr der Herrlichkeit. Mit Einem Schlage sinkt das stolze Gebäude seiner pharisäischen Theologie in Trümmern. Saulus fühlt sich Jesu gegenüber wie der Verbrecher vor seinem Richter. Nur Einen Ausweg sieht er zu seiner Rettung: daß er sich willenlos diesem Jesus unterwirft, mit dem aufrichtigen Entschlusse, ihm hinfort mit demselben Eifer als sein Knecht zu dienen, mit welchem er ihn bisher als sein Feind verfolgt hat. Wie charakteristisch, wie psychologisch correct ist die nun erfolgende Frage: „Herr was willst du, daß ich dir thun soll?" Nur eine Energie, wie wir sie an dem Pharisäer Saulus wie an dem Apostel Paulus kennen, vermochte diese Frage zu thun. Ueberzeugt von der Sündhaftigkeit seines bisherigen Wegs ist er entschlossen sofort und ganz ihn zu verlassen, um den entgegengesetzten zu gehen. Gewohnt ganz zu sein was er ist und seinen Willen in den Dienst seiner Erkenntniß zu stellen, bricht der wahrhaft charakterstarke Mann mit seiner ganzen Vergangenheit, um seine Zukunft im unbedingten Gehorsam gegen den Willen des bisher von ihm verfolgten Jesus zu leben. Und wie psychologisch fein, pädagogisch weise und religiös nüchtern ist der weitere Verlauf der Erzählung! Jesus verweist den innerlich geänderten Saulus nach Damaskus, damit er dort durch menschliche Vermittlung weitre Belehrung empfange; der gedemüthigte Mann gehorcht, in stiller Zurückgezogenheit verlebt er ganz in sich gekehrt, erfüllt von der göttlichen Traurigkeit, die eine Reue zur Seligkeit wirket, verarbeitend die gewaltigen Eindrücke, die er auf dem Wege empfangen, drei inhaltsreiche Fast=, Buß= und Bettage bis endlich durch Ananias seine Aufnahme in die christliche Gemeinde erfolgt. So ist der ganze Vorgang, wie ihn die Neutestamentliche Urkunde erzählt, in sich durchaus harmonisch, psychologisch wahr, pädagogisch meisterhaft, mit dem Charakter wie mit den Selbstzeugnissen des Apostels übereinstimmend, seiner Bedeutung in der Geschichte des Reiches Gottes entsprechend und die großartige Umwandlung eines Saulus in einen Paulus vollkommen erklärend und wir dürfen es als das Resultat des ersten Theils unsrer Untersuchung verzeichnen, daß, da keins der geltend gemachten Bedenken eine wirkliche Beweiskraft g e g e n die objective Realität der damascenischen Christophanie enthält, dem unbefangenen Kritiker vielmehr jedes in ein Argument f ü r sie sich verwandelt, daß diese Christuserscheinung eine wirkliche Thatsache gewesen ist.

Wir wenden uns jetzt zum z w e i t e n T h e i l e unsrer Beweisführung. Leugnet man die Thatsächlichkeit der von der Schrift behaupteten Christuserscheinung — nun, so muß man a n d e r e G r ü n d e f ü r d i e B e k e h r u n g P a u l i aufweisen. Prüfen wir denn ob diese andern Gründe in der That zureichend sind, um das außerordentliche Ereigniß der Umwandlung eines Saulus in einen Paulus genügend zu erklären.

Im Grunde sind es nur 2 Versuche, die bei dieser Prüfung in Betracht kommen, nämlich die alte r a t i o n a l i s t i s c h e Erklärung und die moderne V i s i o n s h y p o t h e s e. Alle übrigen Erklärungen enthalten eigentlich nur diesen entnommene mehr oder weniger glücklich combinirte Motive und lassen sich daher auf eine der genannten zurückführen. Ja, eingehend werden wir uns zuletzt nur mit der Visionshypothese zu beschäftigen haben, da diese das vom Rationalismus herbeigebrachte brauchbare Material in sich aufgenommen und wissenschaftlich vertieft hat, während sie das Werthlose in seiner sog. natürlichen Erklärung als unbrauchbaren Ballast über Bord geworfen.

Nach der rationalistischen Erklärung verhält sich nämlich die Sache also: Ehe der pharisäische Zelot gen Damaskus zog, hatte er seitens der vielen Christen, die er ins Gefängniß überantwortete, viele Eindrücke von der Kraft und Wahrheit des Evangeliums empfangen. Besonders die feurige Beredsamkeit und der selige Märtyrertod des Stephanus hatten mächtig zu seinem Herzen gesprochen. Obgleich nun der im Geiste des strengsten Pharisäismus befangene Saulus diesen Eindrücken keine Macht über sein Gemüth einräumen wollte, gelang es ihm doch nicht alle aufsteigenden Zweifel an der Gottwohlgefälligkeit seines Verfolgungseifers zu unterdrücken, vielmehr redete die mit Gewalt niedergehaltene Stimme seines Gewissens immer lauter zu Gunsten der Nazarener und von den peinlichsten innern Kämpfen durchwühlt zog er die Straße nach Damaskus. Da kam in der Nähe der Stadt, als die innere Gährung ihren höchsten Grad erreicht, ein überaus heftiges Gewitter dem Seelenkampfe zu Hilfe. Der neben Saulus einschlagende Blitz warf diesen zur Erde und da er bei der vorhandenen, quälenden Gemüthsstimmung in diesem einfachen Naturereigniß die strafende Stimme des von ihm verfolgten Jesus zu hören geglaubt — so schlug er in sich und wurde ein Christ.[1]

Wir halten uns — da wir bei der Besprechung der Visionshypothese ausführlich darauf eingehen müssen — jetzt nicht dabei auf, daß dieser ganzen Erklärung schon dadurch der Boden unter den Füßen weggezogen wird, daß die Voraussetzung, auf welcher sie beruht, der historischen Situation durchaus nicht entspricht, da unsre Berichte über das Leben Sauli weiland im Judenthum nichts von einer, der eben geschilderten Gemüthsstimmung ähnlichen Andeutung enthalten. Ja Paulus bekennt, daß er gelästert und verfolgt habe „unwissend, im Unglauben" aber nicht, daß er es gethan unter quälenden Zweifeln, ob der von ihm gehaßte und verfolgte Glaube am Ende nicht doch göttliche Wahrheit sei. Weit entfernt, daß der Tod des Stephanus einen tiefen Eindruck zu Gunsten des christlichen Glaubens auf ihn gemacht, wird uns vielmehr berichtet: „Saulus aber hatte Wohlgefallen an seinem Tode"? Es ist ohne Zweifel unter den Zeugnissen der christlichen Märtyrer dem jungen Saulus nicht anders ergangen als den Mitgliedern des Synedriums, von denen wir act. 7, 54, 56 lesen: „Da sie solches hörten ging es ihnen durchs Herz und bissen die Zähne zusammen über ihn und schrieen laut und hielten ihre Ohren zu und stürmten einmüthiglich auf ihn ein 2c."

Und erst das famose Gewitter! Ist es nicht eine Beleidigung des gesunden Menschenverstandes in dessen Namen diese sog. natürliche (!) Erklärung ersunden ist, durch ein wenn auch noch so heftiges Gewitter eine so ungeheure Sinnes- und Lebensumwandlung wie die des Saulus in einen Paulus befriedigend erklärt zu haben zu wähnen? War der wuthschnaubende, kraftvolle Verfolger der Christen etwa ein Kind, das sich durch eine gewöhnliche Naturerschei-

---

[1] So weiland Vitringa, Ammon, Eichhorn, Greiling, Schrader. Selbst Strauß „Leben Jesu" § 138 hat „Blitz und Donnerschlag" für den Nothfall noch beibehalten.
Auch Rénan („die Apostel" p. 207 ff.) obgleich als orientalischer Romantiker ein Fremdling unter den etwas philisterhaft angelegten Rationalisten ist hierher zu rechnen. Vom blutigen Tode des Stephanus kommend (obgleich zwischen diesem Tode und der Bekehrung Pauli ein Zeitraum von vielleicht 2 Jahren liegt, aber was hat ein Romantiker mit der Geschichte zu schaffen?) zieht Saulus mit nagender Reue im Herzen seine Straße und findet plötzlich die Rolle eines Henkers unerträglich. Von dem Zuge durch den heißen Wüstensand hat er entzündete Augen, sein ohnedies krankhafter Organismus ist ernstlich erschüttert, ein bösartiges Fieber, von heftigem Blutandrang nach dem Kopfe begleitet, wie es häufig in diesen Gegenden auftritt, hat ihn ergriffen. In dieser Situation hat ihn entweder ein Blitz geblendet und eine Gehirnerschütterung erzeugt oder beim Uebergange aus der Sonne in den Schatten ein fieberhaftes Delirium, hervorgebracht durch den Sonnenstich, sich seiner bemächtigt. Herr Rénan behauptet, ihm selbst sei es im Orient so ergangen — nur schade, daß das Delirium bei ihm keine Bekehrung gewirkt hat! Es ist in der That schwer, solchen Albernheiten einer irrsinnigen Phantasie gegenüber nicht bitter zu werden. Jedenfalls ist es unter der Würde der Wissenschaft sie ernstlich zu widerlegen. Gewiß aber würde der große Apostel mit viel bitterer Ironie, als er einst zu den Corinthern geredet, denjenigen, die sich solche Romane als ein modernes Evangelium bieten lassen, zurufen: „Ihr vertraget gerne die Narren, dieweil ihr klug seid". (2 Cor. 11, 19 f.).

nung in Schrecken jagen ließ? Waren die ihn begleitenden Kriegsleute lauter Feiglinge, daß ein Blitz sie alle erstarrt machen konnte? Und sollte hinterher niemand aus der ganzen Reisegesellschaft seines Irrthums gewahr geworden sein und sich seiner kindischen Furcht geschämt haben? „Ja selbst wenn man mit Winer[1]) die Anschauung der Alten, d. h. der Heiden (vergleiche Wetstein zu Ev. Joh. 12, 29), denen plötzliche und heftige Donnerschläge für ominös galten, auf den Pharisäer Saulus übertragen oder die spätere jüdische Ansicht von der Bathkol herbeiziehen wollte, als welche freilich nur wirkliche, wörtliche Stimmen nicht Naturphänomene ohne Sprache aufgestellt wurden, so bliebe es immer unglaublich, daß Saulus eine wenn auch noch so erschreckliche, aber sicher oft erlebte Naturerscheinung so beharrlich mit der Erscheinung des Herrn verwechselt haben sollte. Und wollte man annehmen, daß er das Naturereigniß als eine auf ihn und seine Bekehrung berechnete Mitwirkung des Auferstandenen angesehen habe, so bleibt es ein Mal unerklärt, wie der ungläubige und verfolgungseifrige Saulus auf diese Ansicht hat kommen können und andrerseits ein unlösbares Räthsel, wie es dem Paulus möglich war diese Begebenheit den übrigen Erscheinungen des Auferstandenen als gleichbedeutend an die Seite zu setzen."[2])

Endlich — wie soll das Zusammentreffen mit Ananias erklärt werden? Kannten sich etwa beide Männer von Jerusalem her, hat einer den andern in Damaskus sua sponte aufgesucht? Aber was wird dann aus der gegenseitigen Vision, die uns berichtet wird?[3]) Absichtliche Geschichtsfälschung des Verfassers der acta! Wahrlich es gehört ein weites historisches Gewissen dazu aus den vorliegenden Quellen eine so ganz andre Geschichte zu construieren und zuletzt auch nicht vor dem Vorwurfe der Betrügerei zurückzuschrecken!

Doch genug. Wenden wir uns von dieser der Zucht wissenschaftlichen Ernstes entbehrenden Erklärung zu derjenigen Lösung des Räthsels, welche die Tübinger Schule giebt, die auf dem Standpunkte der reinen Immanenz stehend, die Bekehrung des Apostels Paulus ohne jede Einwirkung einer transcendenten Macht rein psychologisch als einen immanenten Act seines eignen Geistes begreiflich machen zu können behauptet.

In seinem großen Werke: „Paulus, der Ap. Jesu Christi" sagt Baur zum Beweise, daß vom Standpunkte der Psychologie aus betrachtet die Voraussetzung eines Wunders bei der Bekehrung Pauli weder nothwendig noch zulässig erscheine: „wer vermag denn zu bestimmen, daß ein solcher Umschwung in dem religiösen und geistigen Leben des Apostels sich nicht auf natürliche Weise aus seinem Innern selbst entwickeln konnte und wer möchte die Behauptung wagen, daß selbst der rascheste Uebergang aus dem einen Extrem in das andre außerhalb der Sphäre der psychologischen Möglichkeit liege?" „Je strenger und energischer eine an sich einseitige und beschränkte Richtung verfolgt wird, desto nothwendiger muß sie an ihrer eignen Endlichkeit sich brechen; sie zerreibt sich an

---

[1]) Biblisches Realwörterbuch II. S. 214.
[2]) Oertel a. a. O. p. 119.
[3]) cf. selbst Baur: „Paulus, der Ap. Jesu Christi" p. 69 f.

sich selbst, geht in dem hervorbrechenden Bewußtsein ihrer Endlichkeit unter und kann daher nur in das Entgegengesetzte umschlagen."[1]

Man kann einen guten Theil dieser Behauptungen in abstracto durchaus zugeben, was ist aber damit für unsern concreten Fall bewiesen? Offenbar nicht viel, denn wenn auch das Umschlagen aus einem Extrem in das andre im Bereiche psychologischer **Möglichkeit** liegt, muß denn jede psychologische Möglichkeit in jedem speciellen Falle historische Wirklichkeit werden? Sind denn Möglichkeit und Nothwendigkeit identische Dinge? Wäre es also, so hätte ohne Zweifel **Beyschlag**[2] vollkommen Recht wenn er fragt, „warum denn nicht z. B. ein Tertullian anstatt im Montanismus zu enden, vielmehr zu geistesfreier Versöhnung christlichen Glaubens und hellenischer Bildung umgeschlagen ist, oder warum die Koryphäen des Jesuitenordens, je strenger und energischer sie die einseitige und beschränkte Richtung des Katholicismus verfolgten nicht um so sicherer in den Schoß der evangelischen Kirche gelangt sind?" Das Leben gestaltet sich eben selten nach den Möglichkeitstheorien der Schule. Es liegt doch außerhalb jeder Controverse, daß es sich in der vorliegenden Frage nicht um abstract psychologische Behauptungen, sondern um die befriedigende Erklärung eines ganz concreten geschichtlichen Vorgangs handelt, also mit allgemeinen Sätzen und Gesetzen nicht geholfen ist. Was die kritische Schule als psychologische Möglichkeit aufstellt, muß sie also erst als in dem vorliegenden Falle wirklich geworden nachweisen, und die Vermittlungen durch welche dies geschehen, aufs überzeugendste darthun. Bei Baur suchen wir indeß trotz des bedeutenden Umfangs seines Werkes über den Ap. Paulus diesen Nachweis vergeblich. Auch seine „Kirchengeschichte der drei ersten Jahrhunderte" bringt das Versäumte nicht nach. Wir lesen hier nur die ähnliche allgemeine Behauptung: „was die Ap. Gesch. über die Bekehrung des Ap. Paulus erzählt, kann nur als der äußere Reflex eines innern geistigen Prozesses angesehen werden, zu dessen Erklärung die Individualität des Ap., wie wir sie aus seinen eignen Briefen kennen, den besten Aufschluß giebt?[3] Man erwartet nun natürlich eine sorgfältige Analyse dieses innern geistigen Prozesses wenigstens auf Grund der Individualität des Ap. Paulus — obgleich dabei immer verkannt wäre, daß die „neue Creatur", an welcher das Alte kraft der völligen Bekehrung vergangen, daß diese neue Creatur: Paulus, nicht identisch mit dem Pharisäer und Verfolger Saulus — aber siehe es bleibt lediglich bei der **Behauptung**, ja man geräth in ein nicht geringes Staunen, wenn man auf der folgenden Seite das denkwürdige Bekenntniß findet, „daß keine, weder psychologische noch dialectische Analyse das innere Geheimniß des Aktes zu erforschen vermöge, in welchem Gott seinen Sohn in ihm enthüllte." War mit diesem Geständniß nicht förmlich darauf Verzicht geleistet das „Wunder" der Bekehrung Pauli als einen rein immanenten Akt seines eignen Geistes begreiflich machen zu können und damit der Versuch einer rein natürlichen, nur mit endlichen Causalitäten rechnenden Erklärung ausdrücklich aufgegeben? Bei den Freunden wie Gegnern des Meisters der kritischen Schule brachte denn auch die zuletzt citirte

---

[1] p. 74 und 672.
[2] A. a. O. 1864 p. 229.
[3] A. a. O. p. 44.

Aeußerung eine nicht geringe Bewegung hervor und da das kurz darauf erfolgte Ableben Baurs eine authentische Erklärung seinerseits unmöglich machte, so schien die Grundvoraussetzung der Kritik von der rein immanenten Entwicklung ohne Wunder in Frage gestellt.

Da trat aber zur Rettung dieser Grundvoraussetzung einer der scharfsinnigsten Schüler Baurs, Holsten, mit der schon erwähnten Aufsehen erregenden Abhandlung auf den Plan: „die Christusvision des Paulus und die Genesis des Paulinischen Evangeliums". Der er in Folge einer — gleichfalls bereits citirten — Erwiderung Beyschlags als Replik gegen diesen eine Apologie seiner Arbeit folgen ließ.[1]) In diesen Schriften hat sich Holsten die Aufgabe gestellt, die von Baur als unmöglich bezeichnete Analyse und mit ihr den Nachweis zu liefern, daß die Bekehrung Pauli allerdings als die That seines eignen Geistes rein psychologisch sich begreiflich machen lasse und also auch an diesem Punkte kein Riß durch die Weltanschauung der historischen Kritik gehe."

Hören wir zunächst diese Analyse.[2]) „Das jüdische Volk hatte den, der sich den Messias des Volkes nannte als Lügenpropheten und Gotteslästerer zum Kreuzestode gebracht. Und dieser Tod selbst, in teleologisch=theistischer Weltanschauung ein Beweis des Rechts zum Tode, hatte das Gemüth des Volks und seiner Leiter über den Tod beruhigt. Aus dieser Selbstberuhigung schreckte sie das Wort auf: „der Todte lebt", denn das Leben war der Beweis der Messianität des Todten und mit ihr fiel die Blutschuld auf die Anstifter des Todes zurück, den Messias des Volks gekreuzigt zu haben. Diese suchten das furchtbare Gewicht des Wortes abzuwälzen mit der Behauptung, das Leben des Todten sei ein Betrug. Aber die Entstehung einer Gemeinde des todtlebenden Messias, wodurch jenes Wort eine objective Macht der Geschichte wurde, erneuerte immer die Anklage des Messiasmordes und die Erinnerung an die ungeheure Schuld. Durch Verfolgung der Gemeinde suchten die Anstifter des Todes, vor allen die Pharisäer, die anklagenden Stimmen stumm zu machen. So ward Paulus in die Bewegung gezogen. Die Leidenschaftlichkeit seiner Natur bei dem Widerspruch seines orthodox=nationalen mit dem messianischen Glauben, machten diesen Glauben zu einem Gegenstande des leidenschaftlichsten Interesses, des praktischen: ihn zu vernichten, des theoretischen: ihn zu widerlegen. So wurden die Elemente des gehaßten Glaubens negative Momente im Bewußtsein des Paulus. Nun war im Widerspruch mit dem orthodox=nationalen Messiasglauben der Inhalt des urchristlichen Glaubens Ἰησοῦν εἶναι τὸν Χριστόν, der vom Volke und seinen Leitern als Lügenprophet ans Kreuz geschlagene Jesus sei der von Gott zum Leben erweckte Messias, der wiederkommen werde vom Himmel das Reich der Himmel zu vollenden. Der entscheidende Beweisgrund des Unglaubens gegen den Glauben an den auferstandenen Jesus=Messias mußte nun immer der Kreuzestod sein, der reine Widerspruch mit der alttestamentlichen orthodoxen Messiasidee nach dem orthodox=nationalen Verständniß der hei-

---

[1]) „Zum Evangelium des Paulus und Petrus". Einleitung. Auf diese Replik hat denn Beyschlag seinerseits auch wieder geantwortet: „die Visionshypothese in ihrer neuesten Begründung." Theol. Studien und Kritiken 1870. 7 ff. 189 ff.

[2]) A. a. O. p. 39 ff. Ausführlicher: „die Christusvision zc." p. 98 ff.

ligen Schriften. Die vorpaulinischen Gläubigen konnten diesen Widerspruch nicht lösen. Zwar erklärten die Urapostel diesen Tod als um der Sünde willen geschehen, aber er blieb ihnen ein dem messianischen Werke Aeußerliches, die That des ungläubigen Volkes und ein die Messiaswirksamkeit nicht nothwendig begleitender Umstand. Dagegen verlangte die Teleologie des jüdischen Theismus den Kreuzestod, wenn er der Tod des Messias war, begriffen als ein Inneres, als die That Gottes selbst, als einen nothwendigen Akt seines messianischen Heilswillens. Dies konnte dem in den Kategorien des jüdischen Geistes so scharf und consequent denkenden Geiste des Paulus nicht verborgen bleiben. Damit trat das Princip seines Heidenevangeliums schon, wenn auch immer noch negativ in das Bewußtsein des Paulus. Wenn aber der noch Ungläubige diesen Grund als Beweis gegen die Messianität Jesu geltend machte, so setzten die schon Gläubigen diesem nur logischen Gegenbeweise eine Thatsache der Wirklichkeit entgegen, vor der die Logik selbst der heiligen Tradition sich beugen mußte: die Thatsache der Auferstehung Jesu durch Gott zu neuem Leben. Petrus hatte ein Gesicht des todtlebenden Messias gehabt, die Zwölf, 500 Brüder, Jakobus, wieder die Apostel insgesammt. Eine mächtige Beweisreihe von entscheidendem Gewichte; denn da gegen die Auferstehung der Pharisäer Paulus, gegen ein Gesicht als Beweis objectiven Lebens der Jude Paulus nichts einzuwenden hatte, so konnte der Ungläubige sich gegen diesen factischen Beweis der Auferweckung Jesu nur durch die Beschuldigung eines bewußten Betrugs behaupten. Ein für den, der nicht verstockten und gebundenen Geistes war, auf die Dauer ohnmächtiger, haltungsloser Standpunkt. Denn nicht gegen Einen und Eine Thatsache, gegen eine Reihe von Thatsachen mußte er behauptet werden, und gegen eine Ueberzeugungsfestigkeit vieler, die für diesen vorausgesetzten Betrug in Marter und Tod gingen. So mußte Paulus die Möglichkeit des Lebens des Kreuzestodten setzen und diese Möglichkeit schon mußte sein Wesen in Aufruhr versetzen. Denn welche Angst lag für ein religiöses Gemüth in diesem: wenn der Todte nun lebte? Stritt nicht demzufolge der Ungläubige gegen Gott selber und seinen Gesalbten, an den doch, wenn auch in anderer Form, er schon glaubte? Die Seelenqual eines solchen Widerspruchs konnte Geist und Gemüth eines Paulus weder vergessen noch ohne Lösung ertragen. Wenn nun der logische Beweis gegen, dem thatsächlichen Beweise für die Messianität wich? — Daß der Messias in dieser Zeit kommen werde, war aller Pharisäer und auch sein Glaube. Aber den Segen des messianischen Reichs konnte der gerechte Gott nur dem gerechten Volke verleihen. Nun war aber das Volk und blieb das Volk sündig. Konnte es gerecht werden ohne Vergebung? Konnte der gerechte Gott vergeben ohne stellvertretendes, blutiges Opfer? Wenn nun der Kreuzestod Jesu dieses stellvertretende blutige Sündopfer war? Verkündeten ihm nicht die Gläubigen, die er verfolgte, täglich, daß Jesus um der Sünde willen gestorben? Bewiesen sie ihm nicht diesen Opfertod aus den heiligen Schriften? Löste sich nicht alle Qual des Gemüths, wenn er in diese Beweise einging, alle Qual des denkenden Geistes, wenn er dieses Princip in seinen Consequenzen verfolgte? So lange aber diese Qual nicht gelöst war — eine brütende Innerlichkeit des geistigen Lebens mit höchster Spannung auf Einen Zweck, die im Gemüthe so peinlich empfundenen Widersprüche seines Bewußtseins zu lösen, selber auch der Thatsache des Lebens des Kreuzestodten und Auferstandenen gewiß zu werden, eine verzehrende Sehnsucht selber auch den lebendig Todten zu schauen wie Petrus, die Zwölf, die 500! So wirkten alle Kräfte, welche sonst Visionen erzeugen im Gemüthe des Paulus — sollten die wirkenden keine Wirkung gehabt haben?"[1])

Wir lassen jetzt noch die Schlußfolgerung, welche die Krone dieses stattlichen Gebäudes ausmacht, völlig bei Seite. Vorläufig ist es uns nur um die psychologische Analyse als solche zu thun und wir haben sie einer um so eingehenderen Prüfung zu unterziehen, da nicht nur alle ihre Consequenzen von selbst hinfällig werden, wenn sie die Prüfung nicht besteht, sondern wir auch hoffen dürfen an diesem Punkte verhältnißmäßig noch am besten uns mit der kritischen Schule auseinandersetzen zu können, während wenn wir erst in ihre eigentlichen Theologie hineingerathen uns eine Auffassung des biblischen Christenthums begegnet, die auf fast lauter solchen Axiomen und Auslegungen beruht, daß man sich beinahe gegenseitig nicht mehr versteht.

Wir gestehen dem Holsten'schen Versuche gern das Lob großer Scharfsinnigkeit zu. Allein Scharfsinn und Richtigkeit sind doch zwei verschiedene Dinge. Wer unbefangen sein N. T. liest und dagegen die eben in extenso mitgetheilte Holsten'sche Deduction hält, der hat offenbar sofort den Eindruck, daß die letztere durch und durch willkürlich, weil gänzlich ungeschichtlich ist. Woher fragt man sich verwundert, weiß doch unser Kritiker solches alles? Offenbar hat er rein a priori construirt, ohne sich um die Geschichte zu kümmern. Weil es ihm festgestanden, die damascenische Christuserscheinung müsse eine subjective Vi-

---

[1]) Diese Holsten'sche Analyse, nur popularisirt und mit einigem Rénan'schen Farbencolorit versehen findet sich auch bei Hirzel (Zeitstimmen 1864), nach welchem sie wieder Hausrath (der Apostel Paulus 1865) als ein psychologisches Gemälde eines geistvollen Theologen" reproducirt. Nur einige Züge dieses "Gemäldes" sei uns gestattet anzuführen — sie werden ausreichen um jede Widerlegung entbehrlich zu machen.
. . . "Die Auferstehung ist der Stachel, an den seine (des Saulus) Eiferseele sich blutig reißt und der je heftiger er gegen ihn ausschlägt, sich um so tiefer ihm eindrückt. Tief verwundet im Gemüthe, in fieberischer Hast, mit Aufbietung der letzten Kraft rafft er sich noch ein Mal auf — in Jerusalem ist's zu still geworden, um den Eifer zu betäuben. Hin nach Damaskus, der großen Zufluchtsstätte der hellenistischen Messiasgläubigen! Den langen Weg dahin wandelt ein Mann in sich versunken, innerlich brütend. Zwei Mächte reißen diesen Geist auseinander. Israel in tausendjähriger Gotteskraft und Gottesfülle, zusammengedrängt in diesen Einen Geist, ausfüllend seine Weite und Höhe und — im tiefsten Grunde des Geistes, noch fern unten aber schon in klaren Zügen, aus der Tiefe empor herausdrängend das Bild des Gekreuzigten und Auferstandenen, in ihm eine neue Gottesgewalt; und zwischen beiden das Herz eingepreßt in verzweifelnder Angst um sein Heil und seine Seligkeit. Damaskus ist fast erreicht, die Stadt liegt vor seinen Blicken. Israel ruft zum letzten, den Sieg für immer entscheidenden Kampfe. Mit den Bildern der siegreich wüthenden Verfolgung stachelt sich der todtwunde Israelit auf. Da reißt ein ander Bild dazwischen, zündend, blitzend, allverschlingend. Es schwindet Damaskus — Jerusalem — Israel — die Erde — die Welt! Der Himmel füllt das Sehfeld aus und aus dem offenen Himmel tritt mitten ins Sehfeld ein die in Lichtherrlichkeit strahlende Gestalt, die er nicht kennt und schon kennt. Niedergeschmettert an Leib und Seele liegt er am Boden, die Begleiter bestürzt führen ihn nach Damaskus. Er erwacht; Paulus ist Christ. In schwerer Geburt ist geboren der größte Christenmensch! — — — Wirklich? Und mit diesem "Kräuseln am Abendgewölk", mit diesem Phrasenschmuck und =Geklingel glauben die Herren im Ernst die "Geburt des größten Christenmenschen" erklärt zu haben?! Im Ernst?

sion gewesen sein, so hat er die logischen und psychologischen Bedingungen für sie sich zurecht gelegt. Wie? der von Holsten charakterisirte Mann soll derselbe Saulus sein der nach den Neutestamentlichen Zeugnissen bis zum Momente seiner Bekehrung mit dem pharisäischsten Zelotismus und der festesten Ueberzeugung von der Gerechtigkeit seiner Sache das Werk der Christenverfolgung getrieben. Statt mit dieser historischen Person des wirklichen Saulus zu operiren fingirt unser Kritiker einen ganz andern Mann, nämlich einen Mann, der unter den heißesten Seelenkämpfen den tiefsten Problemen des Evangeliums nachsinnt mit eben so großer Gedankenenergie wie Herzensbewegung, dem es ein Ernst ist, Christ zu werden sobald es ihm nur gelingt, das Aergerniß des Kreuzes als einen nothwendigen Akt des messianischen Heilswillens Gottes zu begreifen, der im Grunde schon bekehrt ist vor seiner Bekehrung und dessen tief innerlicher, wenn auch nur als negatives Moment vorhandner, Glaube zuletzt eine Christusvision produzirt, die keine andern Züge an sich trägt, als das Christusbild sie hat, welches bereits in seinem Innern lebt!

Allerdings begreifen wir dieses Verfahren. Die Umwandlung des Saulus, wie ihn die Neutestamentlichen Quellen charakterisiren, läßt sich durch einen rein immanenten Prozeß nicht erklären, daher muß aus diesem historischen Saulus ein Mann werden, in dem bereits innerlich alles das verborgen liegt, was bei und nach dem damascenischen Ereignisse äußerlich hervortritt, ein latenter Paulus, der auf wissenschaftlich ganz correcte Weise zu einem Jünger und Apostel Jesu Christi sich entwickelt. Nur schade, daß man sich dabei eines argen Cirkels in demonstrando schuldig macht: man läßt Saulum glauben ehe er glaubt[1]) und dichtet Jesum in sein Herz hinein, ehe dieser es eingenommen. Es darf ja kein Riß durch die Weltanschauung der kritischen Theologie gehen — sollte auch die Geschichte darüber zum Opfer fallen. Gesetzt die biblischen Urkunden erzählten eine, jedes wunderbaren Momentes entkleidete Bekehrungsgeschichte Pauli, so würde es der Kritik nicht in den Sinn gekommen sein, die eignen Aussagen des Ap. und die seines Biographen über sein bis zur Stunde seiner Sinnesänderung sich steigerndes fanatisch feindseliges Verhalten gegen das Christenthum zu einem innerlichen Kampfe zwischen pharisäischem Zelotismus und christlichem Glauben umzudeuten.

Doch gehen wir auf die Details ein. Kein Wort von einem Geisteskampfe mit dem Gläubigen der doch erst den Anlaß zu dem von H. analysirten Prozesse gegeben haben soll. Ist nicht schon dieses absolute Schweigen ein wuchtiges Verdachtsmoment? Wir lesen nur von einem Kampfe gegen die Christen mit materiellen Waffen, von einem διώκειν καθ' ὑπερβολήν, einem ἐποφθεῖν ꝛc. (Gal. 1, 13. 23. 1 Cor. 15, 9 ꝛc.). So sinnig es auch klingt was Holsten behauptet (p. 59): „Nun kann diese Verfolgung nicht als ein lautloser Vernichtungsprozeß gedacht werden. Denn Paulus ist nicht eine rohe Kraft unfühlender Natur. Er ist ein denkender, ein dialectischer, ein religiöser Geist, wie

---

[1]) So ausdrücklich Baur: der Ap. P. p. 66: Schon der Glaube an eine solche Erscheinung Jesu hätte bei dem Ap. gar nicht entstehen können, wenn er nicht von seinem bisherigen Unglauben zum Glauben an die höhere Würde Jesu durchgedrungen wäre.

menige in der Geschichte. Und die Messiasgläubigen, seine Gegner, sind sie Puppen von Holz, von Stein? Sind sie nicht Geist, wie Paulus? Und doch zwischen den Geisteskämpfern kein Kampf des Geistes?" — so ist das alles doch eben nur eine Vermuthung, für welche nicht nur jeder Beweis fehlt, sondern der jede Wahrscheinlichkeit genommen wird, wenn man bedenkt, welche Stellung Saulus den Verfolgten gegenüber einnahm. Er war eben ihr Inquisitor und, wie Beyschlag zutreffend bemerkt, Inquisitoren disputiren nicht; sie inquiriren, sie verlangen Widerruf, sie verdammen! Gewiß — kein lautloser Vernichtungs= prozeß! $ἠνάγκαζα\ βλασφημεῖν$ (act. 26, 11) bekennt der Apostel. An Zeug= nissen auf der einen an Anathemen auf der andern Seite wirds nicht gefehlt haben. Das sind keine Vermuthungen. So wars in dem Verhör mit Chri= stus, so in dem mit Stephanus. Aber keine Spur eines Disputations= kampfes. Die Richter beißen die Zähne zusammen, schreien laut, halten ihre Ohren zu und bringen einmüthiglich auf ihn ein (act. 7, 54. 56). Nicht an= ders wird es in den Verhören andrer Gläubiger gewesen sein. Wozu auch erst ein Geisteskampf? Stand nicht die Schuld der Christen von vornherein fest? Gesetzt aber es sei, vielleicht außerhalb der gerichtlichen Verhandlungen, wirklich zu Disputationen gekommen — „bürgt nicht die Schriftgelehrsamkeit und Gei= stesgewandtheit des Saulus, dieses unerreichten Meisters jüdischer Dialektik dafür, daß er mit den schlichten armen Laien, die sich ihm gegenüber befanden, wird fertig zu werden gewußt haben, ohne sich durch ihre (noch dazu wie Holsten an= nimmt oberflächlichen) Schriftbeweise für einen sühnend sterbenden Messias und durch ihre Versicherungen von einer Auferstehung, deren Zeuge kein Nichtchrist gewesen, auch nur einen Augenblick in Verlegenheit setzen zu lassen?"[1] Wie? die Gläubigen sollten solche Gemüth und Geist des Saulus aufs tiefste erregende Stacheln des Widerspruchs durch ihre einfachen Zeugnisse in seine Seele geworfen und an seinem Unglauben ihn innerlich irre gemacht haben? Unmöglich bei einem Manne dessen pharisäisch-zelotische Grundsätze ihm feststanden wie die Felsen. Pflegt denn etwa auch sonst bei Disputationen allzu viel herauszukommen, selbst wenn die Disputatoren sich an dialectischer Gewandtheit gleich und lange nicht so schroff gegenüber stehen als Saulus und seine Gegner?

Aber vielleicht bedurfte es gar nicht ausdrücklicher Disputationen um einen Stachel in des Saulus Seele zu werfen; vielleicht genügten die Zeugnisse, die er hörte, die Märtyrerfreudigkeit, die er sah,[2] die Existenz einer christlichen Ge= meinde, die er nicht leugnen konnte, um den beschriebenen Denkprozeß in ihm anzuregen? Nun, abgesehen davon, daß die geschichtlichen Zeugnisse auch nicht für diese Annahme sprechen und daß von einer Qual des Gemüths und

---

[1] Beyschlag Stud. u. Krit. 1870 p. 46.
[2] Tholuck: Vermischte Schriften II. p. 289: „Bei fanatischen Gemüthern machen auch die Tugenden ihrer Gegner den entgegengesetzten Eindruck. Wir wollen uns an Einen bestimmten geschichtlichen Beleg erinnern. Der Dominikaner Lilienstein giebt den von ihm bitter gehaßten Waldensern das Zeugniß: boni in moribus et vita, veraces in sermone, in caritate fraterna unanimes, tantum quod fides eonum sqq. (Leger, Gesch. der Waldenser p. 502). „Aber — sagt er — gerade diese Tugenden offenbaren die List des Teufels desto mehr, der die Einfältigen verblenden will, daß sie die Irrthümer der Lehre nicht erkennen!"

des denkenden Geistes keine Spur sich findet — wir müssen den ganzen geistigen Prozeß selbst aufs entschiedenste beanstanden. Es ist eben so unhistorisch wie unpsychologisch Saulum philosophiren zu lassen — wie einen christlichen Philosophen! Nein so argumentirt kein pharisäischer Zelot wie Holsten Saulum argumentiren läßt. Seiner correcten dialectischen Entwicklung zu Liebe imputirt der Kritiker einem in den Kategorien des jüdischen Geistes consequent denkenden Manne ein christliches Denken. Ein Jude, dem der Kreuzestod Jesu der entscheidende Grund seines Unglaubens gewesen sein soll, quält sich ab, dieses Aergerniß als ein Inneres, als einen nothwendigen Akt des göttlichen Heilswillens zu begreifen? Unser Kritiker fingirt in der That eine sehr seltsame Position. Saulus soll unter Voraussetzungen gedacht haben, die er als ketzerisch und gottesläfterlich bis aufs Blut bekämpfte, er soll den Fall als möglich angenommen haben: Der Gekreuzigte könnte der Messias sein und unter dieser einmal als möglich statuirten Annahme auf Grund der Teleologie des jüdischen Theismus die tiefste, innerste Lösung des Räthsels von Golgatha gefunden haben!! Er dessen Lebensüberzeugung es war, die Gerechtigkeit komme wahrhaftig aus dem Gesetz, der περισσοτέρως Ζηλωτής περὶ τῶν πατρικῶν παραδόσεων soll meinen das messianische Volk bedürfe eines stellvertretenden, sühnenden Opfers, und soll in der Verfolgung der Consequenz des Gedankens: der Kreuzestod Jesu könnte vielleicht dieses stellvertretende blutige Sündopfer sein die Beseitigung aller Qual des Gemüths wie des Verstandes sich versprochen haben!! Stand nicht — nach Holstens ausdrücklicher Angabe — der Kreuzestod im reinsten Widerspruch mit dem orthodox-nationalen Verständniß der heiligen Schriften, in dem auch Saulus lebte und webte und waren nicht — abermals nach Holstens Annahme — die vorpaulinischen Gläubigen außer Stande diesen Widerspruch zu lösen, wie soll nun der überorthodoxe Pharisäer durch die heiligen Schriften und wie soll er durch die Gläubigen darauf geführt sein Jesu Kreuzestod als ein sühnendes Opfer zu fassen? Freilich war Saulus „ein in den Kategorien des jüdischen Geistes scharf denkender Geist" — aber eben darum gestehen wir, durchaus nicht zu begreifen, wie dieser jüdische Dialectiker auf einmal dazu kommt, in den Kategorien des christlichen Geistes so scharf und consequent zu denken! Muß nicht vielmehr sein pharisäisches Denken ihn in seinem Unglauben an das Evangelium verstärkt, statt auf die innerlichen Gottesgedanken aufmerksam gemacht haben, die ihn beseitigten? Aber Holsten hat den Apostel selbst wider sich. Ganz bestimmt deutet dieser darauf hin, daß er während seiner ἀναστροφή ποτε ἐν τῷ Ἰουδαϊσμῷ weder von einem der verfolgten Gläubigen noch durch sein eignes Denken etwas über das Evangelium gelernt (Gal. 1, 11 ff.) Der ganze Nachweis, welchen Paulus in diesem Zusammenhange führt, daß er sein Evangelium von keinem Menschen empfangen noch gelernt, da er weder vor seiner Bekehrung, während seines Wandels im Judenthum (v. 13 f.), noch nach seiner Bekehrung (v. 16 ff.) eine menschliche Belehrung empfangen — dieser Nachweis würde wenigstens in seiner ersten Hälfte sofort hinfällig, wenn die Holstensche Deduction im Recht wäre. — Endlich, hätte Saulus reflectirt wie ihn sein Kritiker reflectiren läßt, auf keinen Fall konnte er dann mit ungeschwächter Energie weiter verfolgen. Bei einer Gemüthsqual und -Zerrissenheit, wie Holsten sie fingirt, mußte der an seinem

Unglauben zweifelnde und an der Gottwohlgefälligkeit der Christenverfolgung irre gewordene Jüngling, der durchaus nicht wider Gott streiten wollte, in seinem Verfolgungseifer inne gehalten haben, bis er innerlich gewiß geworden war, ob die Verwerfung Christi oder der Glaube an ihn der Wille Gottes sei. Nun aber „schnaubte Saulus mit Drohen und Morden" wider die Gläubigen bis zur Stunde seiner Bekehrung, beweist er also nicht auch durch dieses Verhalten, daß er die Zweifelsqualen nicht gekannt hat, die Holsten ihm andichtet, vielmehr fest überzeugt gewesen sein muß von der Gerechtigkeit seines antichristlichen Zelotismus? Oder will man gar den **Charakter** des Saulus verdächtigen, blos um die Fiction eines christlichen Denkprozesses in ihm nicht fahren zu lassen? Will man aus dem „Israeliten ohne Falsch," der um Gott eiferte aus Unverstand und ein Verfolger und Schmäher war „unwissend, im Unglauben" — einen innerlich unwahren Mann machen, der wider bessere Ueberzeugung, im Widerspruch mit der Stimme seines Gewissens, blos aus rechthaberischer Consequenz diejenigen zu verfolgen fortfährt, deren Gesinnungsgenosse er eigentlich war? Doch nein. Holsten erkennt dem pharisäischen Uebereiferer ausdrücklich eine tiefe **Lauterkeit des Gemüths** zu (p. 93) — wenn er nun aber mit dieser Lauterkeit unmöglich **beides** vereinigen kann: Den mit einem qualvollen Seelenkampfe verbundenen christlich-philosophischen Denkprozeß **und** den fortgehenden jüdisch-zelotischen Verfolgungshaß, warum giebt er als eine bloße Fiction den ersteren nicht auf, statt im Widerspruche mit der Geschichte den letzteren zu ignoriren?

Ebenso unstichhaltig ist die Schlußreihe welche die Dialectik des Saulus an das **Auferstehungszeugniß** der Jünger angeschlossen haben soll. Wir staunen, daß der zelotische Christushasser die **Möglichkeit** des Lebens des Gekreuzigten habe annehmen **müssen** und daß diese Annahme sein ganzes Wesen in den qualvollsten Aufruhr versetzt haben soll. Gestehen wir auch bereitwillig zu, daß Saulus als Pharisäer an Todtenauferstehung glaubte — muß er deshalb die **am dritten Tage** nach seinem Tode erfolgte Auferstehung Jesu, des Volksverführers und Lügenpropheten in seinen Augen als möglich angenommen haben! Mit nichten. Auf Grund seiner pharisäischen Theologie mußte er sie vielmehr für unmöglich erklären. Denn **am Ende der Tage**, im αἰων μέλλων glaubten die Pharisäer eine Auferstehung der Gerechten; also eine Auferstehung am dritten Tage nach dem Tode war damit für unmöglich erklärt. Und warum soll Saulus in der Auferstehungsfrage einen andern Standpunkt eingenommen haben als die ganze Secte der Pharisäer, der er angehörte, warum soll nicht auch er die Auferstehungszeugen für **Betrüger** gehalten haben? Holsten antwortet: weil er nicht verstockten und gebundenen Geistes war und angesichts der Märtyrerfreudigkeit der Jünger und der Existenz einer christl. Gemeinde die Haltungslosigkeit dieses Standpunktes bald einsehen mußte. Aber Saulus war in der That verstockten und gebundenen Geistes und in der Verstockung, mit welcher er damals umpanzert war, konnten auch die schlagendsten Zeugnisse von der Haltungslosigkeit jenes Standpunktes ihn nicht überzeugen. Oder wenn er die Jünger nicht geradezu für bewußte Betrüger hielt, konnte er in ihnen nicht **Betrogne** sehen? Konnte er die Erscheinungen, welche gehabt zu haben sie behaupteten, nicht für Blendwerke des Satans halten? Hatten die Pharisäer nicht die Werke Jesu selbst auf satanische Einflüsse zurückgeführt (Matth. 12, 24)?

Wenn die Jünger versicherten Gesichte des Auferstandenen gehabt zu haben mußte der Jude Saulus diese in der That als Beweise objectiv-wirklichen Lebens ansehen? Wußte er nicht vielmehr als ein schriftbewanderter Mann, daß es auch falsche Gesichte gab (z. B. Jer. 14, 14. 23, 16. Ez. 22, 28 ꝛc.)? Bestanden die Gläubigen dennoch auf ihrem Zeugnisse, lag es nicht nahe, ähnlich wie die Juden thaten als Jesus am Kreuze hing (Matth. 27, 40—43), ihnen zu erwidern: warum erscheint der angeblich Auferstandene nicht auch uns, seinen Gegnern? Er zeige sich uns, so wollen wir eurer Botschaft glauben! Aber die Märtyrerfreudigkeit der Gläubigen! Mußte sie nicht ihr Zeugniß bei Saulo beglaubigen? Gewiß, wenn er unbefangen gewesen wäre, wenn er die Märtyrer nicht für fluchwürdige Ketzer gehalten hätte, wenn er selbst nicht ihr Peiniger gewesen wäre! So aber wurde auch angesichts der Märtyrerfreudigkeit der Gläubigen und trotz der Gewissensunruhe, die sie je und dann ihm machen mochte der pharisäische Zelot nur verstockter in seinem Unglauben und fanatischer in seiner Verfolgungswuth, wie deutlich beim Tode des Stephanus ersichtlich. Aber die Existenz und Ausbreitung der Christengemeinde! Sicherlich wieder ein schlagender Beweis an der Hand eines christl. Apologeten, aber Saulus war ein verblendeter Ungläubiger und gegen das damals noch kurze Dasein einer eben auch nicht großen christl. Gemeinde konnte er sich leicht wappnen mit der Theorie Gamaliels, daß die Zeit die Existenz- und Verbreitungsfähigkeit der noch neuen Secte erst zu erweisen habe, bei ihrem Auftreten finde jede Schwärmerei etliche Anhänger und eine Zeit lang pflegten auch krankhaft religiöse Bewegungen zu bestehen und um sich zu greifen. Ueberhaupt aber, will uns bedünken, läßt Holsten den Pharisäer Saulus in einer modernen Weise seine Schlüsse ziehen, die ihm ganz und gar fremd gewesen. Nehmen wir 1 Cor. 15, 12 ff. wie ganz anders argumentirt da der Apostel Paulus um die Auferstehung Jesu zu beweisen. Wird nun der Pharisäer Saulus nicht ganz ähnlich argumentirt haben um sie zu bestreiten? „Ist Christus auferstanden — würde er etwa gesagt haben — so ist unser jüdischer Glaube nichtig, so würden wir erfunden als Messiasmörder, als Streiter die wider Gott streiten, so befände sich das ganze Synedrium im Irrthum ꝛc. Nun aber ist Christus nicht auferstanden, denn am dritten Tage nach ihrem Tode stehen die Todten nicht auf und den Gekreuzigten kann Gott nicht zu neuem Leben erweckt haben, denn er ist als Gesetzesschänder und Lügenprophet am Schandpfahl gestorben".

Aber wir haben noch andre bedeutende Instanzen gegen den von Holsten analysirten geistigen Prozeß geltend zu machen. Zunächst wird hier einem dialectischen Prozesse eine Kraft vindicirt, die er erfahrungsmäßig durchaus nicht hat. Sehen wir ganz davon ab, daß ein durch die fortgehende Verfolgung in beständiger Aufregung und Geschäftigkeit gehaltener Zelot wie Saulus die contemplative Ruhe schwerlich gefunden haben dürfte, um eine so complicirte und logisch correcte Schlußreihe durchzudenken — ignoriren wir ferner die höchst seltsame Ironie, daß ein Kritiker, der selbst sowohl die sühnende Bedeutung des Kreuzestodes Jesu wie die Realität seiner Auferstehung für unmöglich erklärt, einem Saulus, der doch gewiß ebensowenig geneigt war, einen Riß durch seine Weltanschauung gehen zu lassen wie die kritische Theologie durch die ihre, zumuthet, daß er gegen „die Wirklichkeitsgründe" der Messiasgläubigen gegen „die Wahrheit der Thatsachen" Geist und Gemüth nicht fanatisch habe verstocken können und wenigstens die Möglichkeit des Lebens des Gekreuzigten zugeben müssen, eine Ironie, die jedenfalls ein seltsames Licht auf die kritische Schule wirft und ihr selbst es nicht leicht machen dürfte, sich gegen den Vorwurf der Verstocktheit zu vertheidigen! — legen wir ferner kein besonderes Gewicht darauf, daß ein solcher Denkprozeß, wenn er wirklich stattgefunden hätte, nimmermehr eine **plötzliche** sondern nur eine ganz **allmälige** Bekehrung zu Stande gebracht haben würde und man abermals zu einer künstlichen Verkehrung der Geschichte seine Zuflucht nehmen müßte, wenn man die, das allgemeinste Aufsehen erregende, mit einem Schlage und total erfolgte Umwandlung Sauli in eine weitere langsame Entwicklung umgestalten wollte — lassen wir endlich auch die wiederholten Selbstzeugnisse des Apostels unberücksichtigt, daß seine Bekehrung durchaus nicht durch einen immanenten Act seines eignen Geistes sondern durch einen Act **souveränster göttlicher Gnade** bewirkt worden sei, die ihn wie einen Brand aus dem Feuer gerettet (1 Cor. 15, 8—11. Gal. 1, 15. 1 Tim. 1, 13—16) und daß seine ganze, wir möchten sagen, kühne Lehre vor der Souveränität dieser Gnade auf der bei seiner Bekehrung von ihrer zuvorkommenden und überwältigenden Macht erlebten eignen Erfahrung beruht — — so behält Beyschlag immer noch Recht mit seiner Behauptung, daß „ein unbegreifliches Mißverhältniß zwischen Ursach und Wirkung bleibe", da weder die Wiedergeburt Sauli zu einem so vollendeten Christen noch seine einzigartige apostolische Autorität sich durch einen wesentlichen Verstandesprozeß auch nur einigermaßen befriedigend erklären lasse.

Worin besteht doch die Bekehrung Sauli? Etwa in der Umsetzung der jüdischen Messiasidee in die christliche, in der Vertauschung der pharisäischen Dogmatik mit christlicher Speculation? Armselige Vorstellung von der großartigen Umwandlung, die aus dem Schmäher, Hasser und Verfolger Christi seinen größten Zeugen, Knecht und Märtyrer machte! Saulus selbst, Saulus ganz wird ein andrer, ein wesentlich neuer Mensch, eine $\kappa\alpha\iota\nu\dot{\eta}\ \kappa\tau\iota\sigma\iota\varsigma$ (2 Cor. 5, 17); es geht nicht blos in seinem Kopfe sondern in seinem Herzen, nicht blos in seinem Denken sondern in seiner Gesinnung, in seiner Willensrichtung eine totale Umwandlung vor, ein andres, ein ganz neues Leben kommt zu Stande, an die Stelle der eignen Gerechtigkeit aus dem Gesetz tritt die Gerechtigkeit Christi aus der Gnade, der alte Mensch wird gekreuzigt und was der neue Mensch lebt, das lebt er im Glauben des Sohnes Gottes (Gal. 2, 19 f). Der in den Paulus umgewandelte Saulus kömmt sich als schlecht, unwürdig, verloren vor und wirft sich in tiefer Sündennoth dem Gekreuzigten und Auferstandenen zu Füßen und baut auf Ihn allein alle Hoffnung des ewigen Lebens. Als ein armer Sünder weiß er keine andre Zuflucht weder im Himmel noch auf Erden als im Blute des Lammes. Wie er durch die Kraft Jesu alles vermag: der Sünde abzusterben, der Heiligung nachzujagen, sein Leben täglich zu opfern, so gehören diesem Jesus wiederum alle seine Kräfte sein ganzes Herz, sein ganzer Wille. Früher ein erbarmungsloser Fanatiker wird er durch seine Bekehrung ein in der hingebendsten Liebe sich selbst opfernder Priester, der „sich freut für seine Brüder an seinem Fleisch erstatten zu können, was noch mangelt an Trübsalen in Christo für seinen Leib, welcher ist die Gemeinde (Col. 1, 24).

Eine solche den ganzen Menschen total umgestaltende Bekehrung, die noch dazu mit der Bekleidung der Apostelwürde verbunden, kommt nicht auf blos intellectuellem Wege zu Stande, am wenigsten bei einem Manne voll Vorurtheil und Zelotismus. Vom Kopfe bis zum Herzen ist bekanntlich immer ein weiter Weg und so große Dinge auch scharfe Dialectik vermögen mag, gläubige und geheiligte Christen hervorzubringen das gehört gerade nicht in den Bereich der Wunder, die sie thut. Es darf doch wol als ein psychologisches Grundgesetz gelten, daß nicht die Logik, auch nicht die religiös reflectirende die Herzen regenerirt, sondern dazu von Herzenserfahrungen Willensfactoren in Bewegung gesetzt werden müssen. Wird nun auch bereitwillig zugegeben, daß bei dem Pharisäer Saulus die Willensenergie zu der Verstandesschärfe im proportionalem Verhältniß stand, so folgt doch daraus noch keineswegs, daß Wille und Herz den Schlüssen der Dialectik ohne weiteres Gehorsam leisteten. „Der Wille ist dem Bewußtsein gegenüber eine sehr selbständige Macht", die sich von der Erkenntniß nicht widerstandlos ins Schlepptau nehmen läßt. Offenbar stellt Holsten mit der Geschichte zugleich die Psychologie auf den Kopf, indem er das neue Leben des Paulus zur Folge eines Denkprozesses des Saulus macht. Die Sache verhält sich vielmehr umgekehrt: Das christliche Denken des Apostels ist die Folge der vorangegangenen Herzensbekehrung und Lebenserneuerung, wie es bei Johannes tiefsinnig heißt: „das Leben ist das Licht der Menschen" und abermals: „nur wer von neuem geboren ist kann das Reich Gottes sehen". Wir begegnen hier einem Grundirrthum der kritischen Schule, daß sie die Religion überhaupt viel zu sehr zur Philosophie macht, den Glauben in Logik umsetzt, das Christenthum einseitig intellectuell auffaßt und während sie die Macht der Verstandeskräfte weit überschätzt, die Macht des sündigen Willens und des widerstrebenden Herzens arg unterschätzt. Jede Bekehrung bedarf einer göttlichen Lebens und Liebesmacht, die vor allem Herz und Willen überwindet und so hoch bei einem Dialectiker wie Saulus auch der Einfluß seines scharfen und consequenten Denkens angeschlagen werden mag — ohne daß jene Macht über ihn kam wie ein gewappneter Mann, konnte er nimmermehr in einen Jünger und Apostel Christi umgewandelt werden. Und nun noch dazu ein Denken unter bloßen Möglichkeitspositionen, wie es der Kritiker dem Pharisäer Saulus doch nur imputirt, ein Denken, welches mit der Annahme: „Jesus könnte der Messias, sein Tod könnte ein stellvertretendes Sühnopfer, der Gekreuzigte könnte auferstanden sein" nichts als einen bloßen Versuch macht —— es ist in der That unbegreiflich wie dieses unter lauter: „gesetzt den Fall" operirende Denken die Macht geworden sein soll, die den zelotischsten Christenhasser durch die Hervorzauberung einer Vision so total bekehrte!

Bei dem einseitig intellectuellen Wege auf welchem Holsten die Bekehrung Sauli zu Stande kommen läßt, ist daher auch völlig übersehen, daß zwischen dem pharisäischen Zeloten und Christo noch eine ganz andre Kluft lag als das Aergerniß des Kreuzes.[1]) Woher der tödtliche Haß der Pharisäer gegen Jesum längst ehe er gekreuzigt war? Nach dem übereinstimmenden Berichte der Evangelisten: weil Jesus ihre Gerechtigkeit verwarf, weil er die Zöllner und Huren dem Himmelreich für näherstehend erklärte denn sie, weil er die Sünder annahm

---

[1]) cf. Beyschlag: Stud. ꝛc. 1864. p. 245 ff. 1870: p. 16 f. 27 ff.

und die Gerechten geißelte, weil seine aufs Innerliche gerichtete Moral die Beobachtung der äußerlichen Satzungen und Ceremonialgebote nicht als ein genügendes Gerechtigkeitsmittel anerkannte und ihr aufs schärfste zu Leibe ging wo sie sich als solches breit machte. Es kam ja Jesu nicht in den Sinn das Gesetz oder die Propheten aufzulösen — aber die Pharisäer, welche Sitten- und Ceremonialgesetz nicht unterschieden, ja gerade in der Erfüllung der äußerlichen Satzungen des letzteren ihre Gerechtigkeit suchten, weshalb sie auch reichlich menschliche Ueberlieferungen hinzugethan, konnten oder wollten seinen innerlichen und hohen Moralstandpunkt nicht verstehen und erklärten ihn für einen Feind Mosis und einen Gesetzesschänder, eine Anklage bei der sich ihre beleidigte Selbstgerechtigkeit vortrefflich hinter dem heiligen Eifer für die Auctorität des Gesetzes verbergen konnte. Auch der jugendliche Saulus theilte diesen auf Mißverstand, Vorurtheil und beleidigtem Stolze ruhenden Haß. Er, der nicht aus Mangel an sittlichem Ernst sondern aus anerzogner Pedanterie und in dem dunklen Gefühle: was ihm an ethischer Gerechtigkeit fehle durch strenge Befolgung der äußerlichen Ceremonialgebote gleichsam ersetzen zu müssen, mit dem größten Eifer die väterlichen Satzungen beobachtete und in ihnen ein Cardinalstück des Judaismus erblickte, der des unerschütterlichen Glaubens lebte: die Gerechtigkeit käme wahrhaftig aus dem Gesetz — er mußte wie die ganze Secte der Pharisäer, zu deren extremsten Gliedern er gehörte, in Jesu den gefährlichsten Feind des Judaismus, den Zerstörer seines religiösen Heiligthums, einen Revolutionär gegen „die Sitten, die Moses gegeben" (act. 6, 14) erblicken. Nicht nur die nationale Messiasidee, nicht nur die jüdische Dogmatik, sondern wesentlich die pharisäische Ethik schied Saulum von Jesu. Geist und Buchstabe, Glaube und Gesetz, Gottesgerechtigkeit und eigne Gerechtigkeit bildeten zwischen beiden einen tiefen sittlichen Gegensatz, der auf einem ganz andern Wege als dem der Dialectik überwunden werden mußte. Ja dieser Gegensatz, der unstreitig den letzten Grund des Christushasses des pharisäischen Zeloten war — was unwiderlich daraus folgt, daß der Apostel seine Verfolgung der Christen eben aus seinem Uebereifer für die väterlichen Ueberlieferungen herleitet (Gal. 1, 13 f. Phil. 3, 5 f. 9) — macht den ganzen von Holsten fingirten Denkprozeß zu einer Undenkbarkeit, denn es ist nicht möglich, daß Saulus zugleich Jesum als Gesetzesfeind gehaßt und trotz seines Kreuzestods ihn als Messias zu begreifen gesucht haben soll. Also selbst angenommen Saulus hätte reflectirt, wie ihn der Kritiker reflectiren läßt, die in Rechnung gestellten Factoren bringen das gewünschte Facit doch nicht heraus. Das Ergebniß des Bewußtseinsprozesses hätte ein stärkerer Willensprozeß sofort in Frage gestellt und gegen die neue Dogmatik die alte Ethik ihr Veto eingelegt, der Pharisäer hätte sich gesagt: es ist ein Wahn, wie ich einen Augenblick angenommen, daß der Kreuzestod ein stellvertretendes Sühnopfer, ein Wahn, daß der Gekreuzigte auferstanden, er kann ja nicht der Messias sein, denn er hat das Gesetz mit Füßen getreten, hat eine unsittliche Moral gelehrt, hat das religiöse Gefühl beleidigt. In einem eventuellen Kampfe zwischen einem — versuchsweise christlichen Denken und der im Pharisäismus tiefgewurzelten ethischen Grundanschauung mußte bei dem περισσοτέρως ζηλωτής περὶ τῶν πατρικῶν παραδόσεων ohne Zweifel stets die letztere siegen. Um die pharisäische δικαιοσύνη ἐκ νόμου aus dem Wege zu räumen, dazu bedurfte es, zumal bei der Charakterenergie die Saulus besaß, mehr als eines denkweise gemachten Versuchs mit zwei christlichen Glaubensartikeln und so lange die Kritik dieses große Deficit, welches bei ihrer Erklärung bleibt, nicht durch weitere, zureichende endliche Caufalitäten zu decken vermag, darf sie es uns nicht verargen, wenn wir ihre gesammte psychologische Analyse als einen mißgeglückten Versuch betrachten, das Räthsel der Bekehrung Pauli als eine immanente That seines eignen Geistes begreiflich zu machen.

Es ist offenbar, daß mit dem Erweise der Unhaltbarkeit dieser bei allem Scharfsinne doch weder historisch noch psychologisch correcten Analyse der Visions=hypothese ihre ganze Basis entzogen ist. Wenn der Autor dieser Analyse am Schlusse ihrer Entwicklung siegesgewiß ausruft: „so wirkten alle Kräfte, welche sonst Visionen erzeugen im Gemüthe des Paulus, sollten die wirkenden keine Wirkung gehabt haben?" so dürfen wir am Ende unsrer Kritik uns wol die entgegengesetzte Frage erlauben: wo soll ein Product herkommen, wenn die Fac=toren fehlen, welche es herausbringen? Nach der wiederholten Erklärung Holstens kann eine Vision (natürlich im subjectiven Sinne, wie er sie versteht) nur da zu Stande kommen, wo „die Elemente des Visionsbildes" schon vorher im Geiste des Visionärs vorhanden sind" — die unbefangene Durchforschung der vorlie=genden Quellen stellt ein solches Vorhandensein der Visionsbildselemente aufs ent=schiedenste in Abrede. Nach dem wiederholten Zeugniß des Apostels ist seine Bekehrung ein Meisterstück der souveränen Gnade Gottes, die ihren Feind auf dem Gipfel seines Christenhasses zum Preise ihrer herrlichen Macht sich gewonnen hat, wie sollte sie das Ergebniß eines immanenten Prozesses sein? Gesetzt aber es hätten Elemente eines Visionsbildes im Geiste Sauli gelegen — die eines Christusbildes wären es gewiß nicht gewesen. Eine Moses= oder Elias=vision — wenn's durchaus ohne Vision nicht abgehen kann — wäre der Situation allenfalls entsprechend gewesen. Es ist ganz unerhört, daß jemand Visionen hat von Personen, an die er nicht glaubt, ja die er haßt und verfolgt und daß ihm in Visionen etwas gesagt wird, was ihn aufs tiefste verletzt, sein bisheriges Leben verdammt und eine Bekehrung bewirkt.

Und doch dürfen wir mit dem gewonnenen Resultate unsre Prüfung noch nicht schließen. Was die qu. Analyse anbetrifft — wird die kritische Theologie entgegnen — so ist sie einmal nur der Versuch einer psychologischen Vermittlung und dieser Versuch ist ebenso verbesserungsbedürftig wie =fähig und dann bildet sie wenn auch ein sehr wichtiges doch immerhin nur ein Moment in der ganzen Beweisführung. Der analysirte psychologische Prozeß ist ja noch nicht identisch mit der Bekehrung Pauli selbst sondern nur präparatorisch für sie, erst das Product der in ihm wirkenden Factoren: die Vision des Auferstandenen, ist das entscheidende Moment. Wir könnten in dieser Behauptung eine gewisse Concession notiren, nämlich die der Ohnmacht des dialectischen Prozesses an sich und der Macht der biblischen Thatsache, die selbst der kritischen Theologie das Geständniß abnöthigt, daß dieser Thatsache ein analoges, immerhin außerordent=liches Phänomen substituirt werden muß, wenn ein zureichender Grund für die Bekehrung des größten Verfolgers in den größten Apostel Jesu Christi aufge=wiesen werden soll. Wir wollen indeß diese Concession nicht weiter ausbeuten, sondern das substituirte Phänomen selbst unsrer Prüfung unterziehen, untersuchend ob es einen wirklichen Ersatz giebt für die als objective Realität berichtete Christophanie und ob resp. wie es möglich gewesen, daß in dem biblischen Berichte die letztere an seine Stelle treten konnte.

Die Vertreter der kritischen Schule differiren in diesem Punkte. Während — wie wir früher gesehen — Baur wesentlich die Apostel Geschichte für die Verwechselung von subjectiver und objectiver Thatsache verantwortlich macht, glaubt Holsten den Irrthum bei Paulo selbst suchen zu müssen. Er argumentirt nämlich also: Nach dem Zeugnisse Pauli selbst wie der ganzen apostolischen Zeit war die Christuserscheinung vor Damaskus eine Vision. Sie steht also in gleicher Linie mit den Erscheinungen himmlischer Persönlichkeiten bei andern Menschen, in denen die Kritik nur Visionen mit subjectiver Wirklichkeit für die Schauenden erkennen kann. Da nun aber dem biblischen Bewußtsein „Visionen durchaus objective, aus der objectiven und einer außerirdischen Welt dem schauenden Geiste durch himmlische Mächte zur Erscheinung gebrachte Gebilde sind" und auch Paulus durchaus in diesem Bewußtsein lebte, so mußte auch eine subjective Vision Christi, die er gehabt, mit der Kraft voller Objectivität auf ihn wirken und die Ueberzeugung schaffen, daß Jesus in objectiver Wirklichkeit ihm erschienen. „Die ganze Weltanschauung des Paulus, wenn er einmal die subjective Wirklichkeit der Vision hatte zugestehen müssen, bot weder einen Grund noch ein Mittel noch einen Anlaß dar, ihre objective Wirklichkeit zu leugnen." „Die kritische Theologie hält die Vision Christi als historische Thatsache fest, sie deutet — auf Grund ihrer fortgeschrittenen Weltanschauung, ihrer tieferen Psychologie, und Physiologie — die Erscheinung nur anders als die urapostolische Zeit und mit ihr Paulus es vermochte," sie „spricht dem Paulus die Fähigkeit ab zwischen der nur subjectiven Wirklichkeit einer himmlischen Erscheinung Christi im Geiste und der objectiven Wirklichkeit dieser Himmelserscheinung außer dem Geiste unterscheiden zu können und setzt eben deshalb die Wirkung einer nur subjectiven Vision auf das Bewußtsein des Paulus der Wirkung einer objectiven Christuserscheinung gleich." „Denn das ist ja eben das Wesen der Vision, daß das Visionsbild in demselben Sehfelde, mit derselben sinnlichen Klarheit, mit dem Schein derselben sinnlichen Wirklichkeit dem Auge und dem Bewußtsein sich darstellt wie das Bild der objectiv realen Welt, daß also, wer mit den psychologischen und psychischen Gesetzen, welche eine Vision erzeugen unbekannt ist — und daß wie Petrus und Jacobus auch Paulus dies war, wird nicht geleugnet werden können — durch den vollen Schein der Objectivität des Visionsbildes nothwendig gezwungen wird von der objectiven Wirklichkeit desselben überzeugt zu sein, ohne doch von ihm mehr als eine subjective Wirklichkeit zu haben".[1])

Prüfen wir denn die einzelnen Glieder dieser durch scharfsinnige Combination nicht wenig bestechlichen Schlußkette.

Zunächst kann man ein Staunen nicht zurückhalten über die kühne Behauptung der kritischen Theologie, daß die gesammte urapostolische Zeit in der Christuserscheinung sowol des Petrus als des Paulus nur eine Vision gesehen und daß sie, die kritische Theologie, diese Anschauung als die echt historische wieder zur Geltung bringe. In der That eine kühne Wendung! Statt von einer

---

[1]) A. a. O. p. 9 f. 107. 11. 13. 121 f. 2c.

Visionshypothese zu reden muß man also künftighin die bisher für biblisch ge=
haltene Anschauung vor einer wirklichen Erscheinung des Auferstandenen für eine
— Hypothese ansehen! Neunzehn Jahrhunderte lang haben die Gelehrten wie die
Ungelehrten unter den Gläubigen die Bibel falsch verstanden und erst der kritischen
Theologie war es vorbehalten, die Wahrheit ans Licht zu bringen! Allein so kühn
die Behauptung, so wenig entspricht sie der Wirklichkeit. Wie es sich in Wirk=
lichkeit mit der apostolischen Anschauung verhält haben wir auf Grund der Selbst=
zeugnisse Pauli schon früher zu erweisen gesucht und es hat sich uns als Resultat
dieser Untersuchung die Gewißheit ergeben, daß der Apostel die Erscheinung Christi
nicht als eine Vision, sondern als eine äußerlich objective Thatsache ansieht.
Natürlich für ihre ganze Beweisführung bedarf die kritische Theologie der Vision,
sie ist das eigentliche Fundament derselben und um dieses Fundament sicher zu
legen, glaubt sie der Schriftautorität zu bedürfen, obgleich sie sonst auf diese Au=
torität sehr wenig zu geben pflegt!

Aber wie? ist denn nicht act. 26, 19 von der qu. Erscheinung wirklich
als von einer $οὐράνιος \ ὀπτασία$ die Rede? Allerdings, aber es ist dabei
dreierlei nicht außer Acht zu lassen. 1) redet hier der Apostel, wie schon früher
bemerkt, zusammenfassend, nicht nur die spätere Jerusalemische sondern auch die
ihm und dem Ananias in Damaskus gewordene Vision mit einschließend und
für alle diese Erscheinungen zusammengenommen konnte er keinen bezeichnenderen
Ausdruck wählen als $ὀπτασία$; 2) folgt aus dem Zusammenhange der ganzen
Erzählung, daß das Wort $ὀπτασία$ bezüglich der Christuserscheinung vor Da=
maskus nicht in dem Sinne von Vision, d. h. eines Schauens Christi blos im
Geiste Pauli gebraucht ist, denn noch v. 14 sind seine Begleiter niedergefallen.
Es ist also deutlich von einer Erscheinung außer dem Geiste Pauli die Rede.
Endlich 3) ist das Wort $ὀπτασία$ überhaupt nicht schlechthin gleichbedeutend
mit $ὅραμα$ oder $ὅρασις$. Selbst Holsten[1]) definirt $ὀπτασία$ als einen en=
geren Begriff, der die Erscheinung von Himmelsgestalten, Persönlichkeiten,
bezeichne, die sich selbstthätig aus ihrer außerirdischen Unsichtbarkeit dem Menschen
zur Sicht bringen. Fassen wir die Stelle Luc. 1, 22 ins Auge, nach welcher
in Folge des „Gesichts“, das er gehabt, Zacharias stumm wird, so scheint sich
mit Evidenz zu ergeben, daß $ὀπτασία$ auch als Bezeichnung für Erscheinungen
außer dem Geiste des Schauenden gebraucht wird, also nicht immer Vision in
dem gewöhnlichen Sinne bedeutet. (Vgl. auch Luc. 24, 23). Damit ist aber
die letzte Stütze für die Behauptung der kritischen Theologie gefallen, daß im
Sinne Pauli seine Christuserscheinung eine Vision gewesen.

Allein angenommen die kritische Theologie habe Recht mit ihrer Behauptung,
womit beweist sie das folgende Glied in ihrer Schlußkette, daß das biblische
Bewußtsein und mit ihm Paulus sich nothwendig über das Wesen der Vision
in Täuschung befunden und daß nur subjectives Erzeugniß des eignen Geistes
gewesen sein kann, was die biblischen Personen für objective Wirkung aus der
außerirdischen Welt gehalten haben?

Wiederholt, scharf und nachdrücklich giebt Holsten die correcte Definition
des biblischen Begriffs Vision. „Der Geist des schauenden Subjects ist nicht thätiger

---

[1]) A. a. O. p. 18. 30.

Gedanke, nicht schaffende Phantasie als eine die Gesichte von innen heraus erzeugende Thätigkeit, sondern nur empfangender Sinn, passive Phantasie, ein die Gesichte innerlich leidend aufnehmendes Organ."[1]) Die Visionen sind objective Gebilde, die aus der außerirdischen Welt dem schauenden Geiste durch himmlische Mächte zur Erscheinung gebracht werden ꝛc. Mit welchem Rechte macht er denn nun aus Erscheinungen, welche er doch selbst auf Grund der biblischen Theologie als göttliche Einwirkungen auf den Menschengeist bezeichnen muß, Erzeugnisse der innern Thätigkeit des eignen Geistes? Weil — nun weil „das biblische Bewußtsein den vom denkenden Geiste der Gegenwart erkannten und anerkannten Weltgesetzen widerspricht." Also statt eines Beweises wird uns wieder das bekannte Axiom entgegengehalten. Die „Selbstgewißheit des modernen Bewußtseins" will es also, das ist Beweis genug. Wenn man nun aber den Orakelsprüchen dieses sich selbst gewissen modernen Bewußtseins nicht blindlings glaubt!? Nun so begeht man ein Attentat gegen die „Wissenschaft" und wozu solch einem unwissenschaftlichen Standpunkte erst noch beweisen, daß die Selbstgewißheit des modernen Bewußtseins Wahrheit ist? Aber wie? wenn sich beweisen ließ daß die Selbstgewißheit des biblischen Bewußtseins Wahrheit ist und die durch die ganze Schrift sich hindurchziehende Geschichte der Visionen unmöglich eine Comödie der Irrungen gewesen sein kann? Woher z. B. die Visionen die in einander eingreifen wie die Glieder einer Kette, die verschiedene Menschen in derselben Sache haben wie Paulus und Ananias, Petrus und Cornelius ꝛc. Kann die Thätigkeit des eignen Geistes zu derselben Zeit auch die Thätigkeit eines andern noch dazu räumlich getrennten in Bewegung setzen und zwar in eine solche sympathische Bewegung, daß eine Begegnung die Folge ist? Woher die vielen Visionen die mehrere Menschen auf Ein Mal von derselben Sache haben? Können auch 2, 7, 12, 500 noch dazu geistig ganz verschieden veranlagte Menschen zur selben Minute dieselbe himmlische Erscheinung rein aus sich selbst produciren, so daß jeder fest davon überzeugt ist, dies Product seiner schaffenden Phantasie sei objective Wirklichkeit? Allerdings kennt auch das biblische Bewußtsein rein subjective Visionen z. B. Jer. 14, 24; 23, 16, 32; 29, 8. Ez. 13, 3. 22, 28 ꝛc. aber es erklärt dieselben für falsche Gesichte, eitle Träume, äußere oder innere Sinnestäuschungen und warnt davor, ihnen zu glauben. Abgesehen nun davon, daß hiermit die Fähigkeit der Schrift zwischen subjectiven und objectiven Visionen zu unterscheiden constatirt ist, gehört nicht eine sehr starke Selbstgewißheit dazu solcher Erklärung gegenüber alle Visionen für nur subjective auszugeben? Gewiß ist auch das Subject selbst nicht absolut passiv bei der Vision zu denken und die letztere stets mehr oder weniger nachweisbar psychologisch vermittelt; wenn aber auch ein tief bewegtes, nach der Lösung einer Lebensfrage sich sehnendes Gemüth als mitwirkender menschlicher Factor oft nicht auszuschließen ist, muß darum die Vision eine rein subjective, jede göttliche Einwirkung ausschließend sein? Bedarf eine göttliche Einwirkung nicht ebenso sehr einer menschlichen Anknüpfung wie das leidenschaftlich erregte Gemüth einer göttlichen Leitung? Könnte ohne diese göttliche Leitung das gereizte Nervensystem vor Extravaganzen bewahrt und sicher zur

---

[1]) p. 19. 21.

Entdeckung der Wahrheit geführt werden? Sonderbar, durch Visionen kommen immer wichtige Entscheidungen, große, epochemachende Wahrheiten an den Tag und doch sollte keine göttliche Einwirkung stattfinden? Endlich wie kommt es, daß Visionäre den gehabten Erscheinungen erst nachsinnen um zu erkennen, was sie bedeuten. Bedürfte es dessen auch wenn die Vision das Product des eignen Geistes? Kurz es ist eine unhaltbare Behauptung der Kritik, daß die biblischen Visionen nur Erzeugnisse des eignen Geistes mit bloßer subjectiver Wirklichkeit für die Schauenden sind. Damit ist denn abermals ein wichtiges Glied in der Holstenschen Schlußkette hinfällig geworden, denn sind die Visionen überhaupt nicht was die kritische Theologie aus ihnen macht, so kann auch die Christuserscheinung vor Damaskus selbst in dem — durchaus nicht concedirten — Falle, daß sie eine Vision gewesen, doch keine rein subjective Vision, d. h. kein Act des eignen Geistes Pauli gewesen sein und bliebe immer, sogar bei der Annahme einer Vision, die lästige Transcendenz, die man durchaus aus der Welt schaffen will.

Wir kommen jetzt zum dritten für die Schlußfolgerung unsres Kritikers entscheidensten Punkte nämlich: daß Paulus (wie das gesammte biblische Bewußtsein) zwischen visionärem und wirklichem Geschehen zu unterscheiden unfähig gewesen, und daher einer visionären Erscheinung volle objective Wirklichkeit beigelegt.

Uebergehen wir die wichtige Stelle 4 Mos. 12, 6—8,[1]) in welcher ausdrücklich unterschieden wird zwischen einer prophetischen Offenbarung Gottes im Gesicht und einem wirklichen Schauen Gottes, ja lassen wir überhaupt die Alttestamentlichen prophetischen Visionen außer Betracht, obgleich es zweifellos ist, daß die Propheten die ihnen im Gesicht gezeigten Bilder für Gleichnisse aber nicht für objective reale Gestaltungen gehalten also visionäres und wirkliches Geschehen wohl unterschieden haben (Ez. 1, 4 ff. 13 ff. 26 ff. c. 8—11. Joel 3, 1. Dan. 4, 10, 15 ꝛc.) — um uns nur an die Neutestamentlichen Beweisstellen zu halten, welche genügen, die bestrittene Unterscheidungsfähigkeit zu constatiren.

Es ist schon an einer früheren Stelle unsrer Untersuchung auf act. 12, 9 hingewiesen, wo unwidersprechlich zwischen einem $\H{o}\rho\alpha\mu\alpha$ und einem $\alpha\lambda\eta\vartheta\tilde{\omega}\varsigma$ $\gamma\iota\nu\acute{o}\mu\varepsilon\nu o\nu$ unterschieden wird. Der aus seinen Banden befreite Petrus glaubt erst nicht an seine wirkliche Rettung sondern meint nur ein „Gesicht" gesehen zu haben. Die Rettung im Gesicht ist ihm also keine $\alpha\lambda\eta\vartheta\eta\varsigma\ \sigma\omega\tau\eta\rho\iota\alpha$ sondern nur ein freundliches Traumbild, das ihm Gott zum Troste schickt etwa um ihm seine künftige Befreiung zu weissagen, das Gesicht wirkt also nicht auf ihn mit der Kraft voller Objectivität. Erst als der Apostel es mit Händen greifen kann, daß er sich wirklich im Freien befindet, ist er überzeugt, daß seine Befreiung eine wirkliche Thatsache ist (v. 11: $\nu\tilde{\nu}\nu\ o\tilde{\iota}\delta\alpha\ \alpha\lambda\eta\vartheta\tilde{\omega}\varsigma$). Hat aber Petrus solche Unterscheidungsgabe besessen, welcher Grund liegt vor, sie dem im scharfsinnigen Denken ihm jedenfalls überlegenen Paulus abzusprechen?

In Betreff der bedeutungsvollen Vision act. 10, 10 ff. (cf. 11, 5 ff.) wird uns ausdrücklich berichtet, daß Petrus geforschet habe was sie bedeute ($\delta\iota\eta\pi\acute{o}\rho\varepsilon\iota\ \tau\acute{\iota}\ \check{\alpha}\nu\ \varepsilon\check{\iota}\eta\ \tau\grave{o}\ \H{o}\rho\alpha\mu\alpha$ (v. 17 und 19). Was folgt hieraus?

---

[1]) Beyschlag A. a. O. 1870 p. 194 ff.

Nicht nur daß das Visionsbild kein Product seiner eignen Geistesthätigkeit gewesen sondern auch, daß der Visionär die himmlische Erscheinung als Sinnbild auffaßt, durch welches der sie veranstaltende Gott ihm Aufschluß über eine wichtige Angelegenheit seines Reichs geben wolle. Werden aber die Gestaltungen, die der Geist in Visionen schaut, als Symbole aufgefaßt — wie es auch durch die ganze Apokalypse der Fall ist — so wird ihnen offenbar keine volle objective Wirklichkeit beigelegt und sind sie also auch außer Stande mit der Kraft einer solchen auf den Visionär zu wirken.

Warum — fragen wir weiter — wenn das biblische Bewußtsein das visionäre von dem wirklichen Geschehen nicht unterscheidet, charakterisirt es dennoch eine ganze Reihe von Erscheinungen ausdrücklich als Visionen? Warum die Zusätze $ἐν\ ὁράματι$, $ἐν\ ὁράσει$, $ἐν\ ἐκστάσει$, $ἐν\ πνεύματι$? Offenbar aus keinem andern Grunde als weil angezeigt werden soll, daß es sich hier um ein anderes als das gewöhnliche, daß es sich hier nm ein visionäres Geschehen handle. Unterscheidet aber das gesammte biblische Bewußtsein,[1]) warum soll Paulus unterscheidungsunfähig gewesen sein? Hätte das biblische Bewußtsein die Visionsbilder für vollkommene, objective Wirklichkeit gehalten, so hätte es sich Absurditäten vorgestellt. Man nehme z. B. die Geschichte eines Ezechiel oder Sacharja, oder die des Apokalyptikers und denke sich, daß die Visionäre diese hundertgestaltigen Erscheinungen für wirkliche und zwar himmlisch-sinnliche Realitäten gehalten hätten! Es ist aber auch hier Tendenz in dem Verfahren der kritischen Theologie: Je materieller der Glaube an die Transcendenz desto unmöglicher wird dieser Glaube und desto einleuchtender das Dogma der kritischen Theologie von der reinen Immanenz. Das biblische Bewußtsein sieht freilich in den Visionen nicht Erzeugnisse des eignen Geistes, sondern göttlich gewirkte Symbole und insofern schreibt es ihnen freilich eine Objectivität zu — aber fehlt ihm auch die naturwissenschaftliche Kenntniß der kritischen Theologie, so hat es doch soviel gesunden Menschenverstand, daß es jene Symbole nur für scheinbar objective Gebilde hält und von den $ἀληθῶς\ γινομένοις$ unterscheidet.

Den Beweis dafür liefern auch die Erscheinungen des Auferstandenen.

---

[1]) Es ist charakteristisch in welchen Widerspruch die tendenziöse Geschichtsmacherei der kritischen Schule auch in Bezug auf diese Frage geräth. Um an dieser Stelle herauszubringen, daß die Christuserscheinung des Paulus eine rein subjective Vision gewesen, wird behauptet, das biblische Bewußtsein habe zwischen wirklichem und visionärem Geschehen nicht unterscheiden können und darum das letztere mit der Kraft voller Objectivität wirken müssen. — Nun erinnern wir uns, daß um die nicht visionären Erscheinungen des Auferstandenen nach der Relation des Matthäus-Evangeliums (und in Folge von diesen wieder den apostolischen Bericht über die Paulinische Christophanie) zu erklären, Holsten behauptet hatte (p. 156 ff. Anm.) die judenchristliche Richtung habe absichtlich die „Gesichte" in „Erscheinungen $ἐν\ σαρκί$" verwandelt, um durch das Gewicht der letzteren die Beweiskraft der Paulinischen Christusvision zu entkräften resp. zu überbieten, eine Tendenz, der dann auch die Paulinische Tradition ihrerseits habe folgen müssen indem sie die Vision so sarkisch als möglich darstellte ꝛc. — Also in diesem Falle, wo man eine andere Tendenz verfolgt als in dem obigen, hat das biblische Bewußtsein zwischen visionärem und wirklichem Sehen nicht nur unterschieden, sondern dem letzteren auch eine größere Beweiskraft beigelegt als dem ersteren! Was bedürfen wir weiter Zeugniß? Uns will bedünken, daß die kritische Theologie in dem kunstvollen Netz der eignen tendenziösen Geschichtsfabrikation sich gefangen.

Weshalb verlangt Thomas Joh. 20, 25 einen dreifach handgreiflichen Beweis für die Realität der Auferstehung? Offenbar weil er ein visionäres Sehen von einem wirklichen Sehen unterschied und nur von dem letzteren, nicht von dem ersteren seinen Glauben an die Auferstehung abhängig machen wollte. Ferner wird uns Luc. 24, 37 von den versammelten Jüngern berichtet: „sie erschracken aber und fürchteten sich, meinten sie sähen einen Geist ($\mathit{\dot{\varepsilon}\delta\acute{o}xoov\ \pi\nu\varepsilon\tilde{v}\mu\alpha\ \vartheta\varepsilon\omega\varrho\varepsilon\tilde{\iota}\nu}$)." Jedenfalls haben die bestürzten Jünger die geheimnißvolle Erscheinung des Auferstandenen zuerst für eine bloße Vision gehalten, aber diese Meinung wird ausdrücklich corrigirt v. 39 ff. was ganz überflüssig gewesen sein würde, wenn dem visionären Erscheinen bereits volle sinnliche Realität seitens der Jünger beigelegt worden wäre.

Endlich die wichtigste von den hierher gehörigen Stellen: 2 Cor. 12, 1 ff. Ganz zweifellos ist sich der Apostel bewußt, daß er hier von einem **visionären** Zustande und Erlebnisse redet, denn er sagt ausdrücklich, daß er kommen wolle $\varepsilon\mathit{\dot{\iota}\varsigma\ \dot{o}\pi\tau\alpha\sigma\acute{\iota}\alpha\varsigma\ x\alpha\grave{\iota}\ \dot{\alpha}\pi o x\alpha\lambda\acute{v}\psi\varepsilon\iota\varsigma\ xv\varrho\acute{\iota}ov}$ ($\mathit{xv\varrho\acute{\iota}ov}$ natürlich genit. subj. und $\mathit{x\alpha\acute{\iota}}$ epexegetisch, die Gesichte wesentlich als in Offenbarungen bestehend bezeichnend). Und zwar ist es eine sehr **überschwängliche** Vision ($\mathit{\dot{\eta}\ \dot{v}\pi\varepsilon\varrho\beta o\lambda\dot{\eta}\ \tau\tilde{\omega}\nu\ \dot{\alpha}\pi ox.}$), welche gehabt zu haben er bekennt. Sehen wir nun ganz davon ab, daß der Apostel trotzdem aus ihr keinen ähnlichen Schluß zieht wie aus der damascenischen Christophanie, also schon dadurch die letztere auch vor der überschwänglichsten **Vision** bevorzugt, offenbar weil er sie unterscheidet vom bloßen visionären Sehen und Geschehen — so muß auffallen, wie nachdrücklich und geheimnißvoll er den visionären Zustand, in dem er sich befunden hier bezeichnet. Wenn er nun an den andern Stellen, wo er behauptet, den Herrn Jesum gesehen zu haben offenbar die damascenische Christuserscheinung meinend, solche Reservationen nicht macht, folgt nicht daraus aufs schlagendste, daß er da von einem andern als visionären Sehen redet, also beides durchaus von einander zu scheiden weiß? Wenn der Apostel ferner erklärt, daß er bei der in Rede stehenden überschwänglichen Vision, nicht gewußt ob er dabei $\mathit{\dot{\varepsilon}\nu\ \sigma\acute{\omega}\mu\alpha\tau\iota}$ oder $\mathit{\dot{\varepsilon}x\tau\grave{o}\varsigma\ \tau o\tilde{v}\ \sigma\acute{\omega}\mu\alpha\tau o\varsigma}$[1]) gewesen, beweist er nicht gerade durch diese Erklärung, daß er solche ekstatische Zustände von denen des gewöhnlichen Selbstbewußtseins wohl zu unterscheiden wisse? Ja **während** dieses außerordentlichen visionären Zustandes war Paulus nicht bei ganz klarem Selbstbewußtsein, aber daß er dies ausdrücklich verzeichnet und zwei Mal verzeichnet ist deutlicher Beweis dafür, daß er des ekstatischen Seelenzustands als solches sich wohl bewußt ist und ihn von dem des gewöhnlichen

---

[1]) Es ist für unsre Frage im Grunde nicht von zu großer Bedeutung, wie man die schwierige Stelle auffaßt, ob der Apostel an ein Entrücktsein mit dem **Leibe** ins Paradies oder, was wahrscheinlicher, nur an ein Entnommensein der **Seele** aus dem Leibe denke. Jedenfalls steht soviel fest: Paulus weiß und sagt daß er sich in einem visionär-ekstatischen Zustande befunden, daß in diesem Zustande das gewöhnliche Bewußtsein zurückgedrängt und an die Stelle der äußerlichen, sinnlichen Wahrnehmung ein Schauen höherer Art getreten ist. Er hat also ein sicheres Unterscheidungsmerkmal zwischen Vision und Wirklichkeit und wenn er nun eines ähnlichen ekstatischen des gewöhnlichen Selbstbewußtseins beraubten Zustandes keine Erwähnung thut bei der Erinnerung an seine damascenische Christuserscheinung, so folgt daß er bei dieser sich im Zustande völlig klaren Bewußtseins befunden und nicht visionär sondern wirklich Jesum gesehen hat.

Selbstbewußtseins durchaus zu unterscheiden vermag. Was aber das Geständniß der Unterscheidungsunfähigkeit im vorliegenden Falle fast noch wichtiger macht ist, daß der Apostel sich ängstlich hütet etwas zu behaupten, dessen er sich nicht ganz gewiß ist, daß er seinen Zweifel ausspricht und mit Berufung auf die eigenthümliche Qualität des ekstatisch=visionären Zustandes sich nicht schämt eine wichtige Frage offen zu lassen. Wir haben also an Paulus einen ebenso klaren wie aufrichtigen Mann, der gerade bei den wunderbarsten Ereignissen seines Lebens nur so viel als gewiß giebt, als er auch gewiß weiß. Behauptet er nun mit der selbstgewissesten Bestimmtheit Jesum vor Damaskus wirklich gesehen zu haben und zwar ohne jede Reservation, so unterscheidet er damit diese Erscheinung von einer Vision und erklärt, daß er im Zustande des gewöhnlichen Selbstbewußtseins Jesum gesehen habe.[1]

Zu dem allem kommt endlich, daß Paulus auch in ganz ähnlichen andern subtilen Fragen sehr fein zu unterscheiden versteht. Nehmen wir nur 1 Cor. 7 v. 8, 10, 12, 25 f. wo er seine $\gamma\nu\omega\mu\eta$ und die $\dot\epsilon\pi\iota\tau\alpha\gamma\dot\eta$ des Herrn scharf auseinanderhält. Nun hatte er aber den Willen des Herrn jedenfalls $\delta\iota'$ $\dot\alpha\pi o\kappa\alpha\lambda\dot\nu\psi\epsilon\omega\varsigma$ also in einer Art visionären Zustandes erfahren, wenn er nun seine eignen Rathschläge, die noch dazu auch auf Erleuchtung des heiligen Geistes (v. 40) nämlich auf mittelbarer beruhten, dennoch so sicher von den Verordnungen des Herrn zu unterscheiden weiß, ist er sich dann nicht völlig klar gewesen über den Unterschied von Subjectivem und Objectivem gerade bei den wunderbaren Ein=

---

[1] Um seine subjective Vision herauszubringen muß Holsten auch in dem leiblichen Organismus des Apostels ein Substrat für dieselbe nachweisen. Einen Anhaltspunkt gewährt ihm in unsrer Stelle der $\sigma\kappa\dot o\lambda o\psi$ $\tau\tilde\eta$ $\sigma\alpha\rho\kappa\dot\iota$ wie überhaupt die $\dot\alpha\sigma\vartheta\dot\epsilon\nu\epsilon\iota\alpha$ $\tau\tilde\eta\varsigma$ $\sigma\alpha\rho\kappa\dot o\varsigma$ (Gal. 4, 13 f.) — dabei sei „an jene durch den Aufruhr im Blut= und Nervenleben entstandenen schmerzhaften Zerrüttungen zu denken, die gerade bei Visionären so häufig die Natur krankhaft epileptischer Zufälle zeigen, in denen während die Lebensthätigkeit ganz in das Innere sich zurückzieht, der Ergriffene wie gelähmt zu Boden stürzt und die heftigsten Erschütterungen des ganzen Organismus die Kraft desselben aufzehren (p. 29 ff. 85 ff).“

Gesetzt diese Behauptungen wären richtig, so könnten sie doch höchstens auf den Apostel Paulus nicht auf den jugendlichen Saulus Anwendung finden und schon damit wäre jede Beweiskraft für die visionäre Beschaffenheit der damascenischen Christophanie beseitigt. Den „Pfahl im Fleisch" erhält Paulus erst ums Jahr 44 und die „Schwäche seines Fleisches" ist zweifellos erst eingetreten mit den Leiden und Strapazen seiner apostolischen Wirksamkeit.

Nun aber bestreiten wir die obige Deutung aufs entschiedenste. Es ist eine Karrikatur, daß die Kritik aus Paulus einen Epileptikus macht. Es finden sich überhaupt bei den biblischen Visionären keine „schmerzhaften Zerrüttungen des Organismus" oder gar „krankhafte epileptische Zufälle." Auch die angezogenen Stellen enthalten keine Spur eines Anhalts für eine derartige leibliche Beschaffenheit Pauli. Die $\dot\alpha\sigma\vartheta\dot\epsilon\nu\epsilon\iota\alpha$ $\tau\tilde\eta\varsigma$ $\sigma\alpha\rho\kappa\dot o\varsigma$ wird in durchaus keine Verbindung mit Visionen gebracht und der $\sigma\kappa\dot o\lambda o\psi$ $\tau\tilde\eta\varsigma$ $\sigma\alpha\rho\kappa\dot o\varsigma$ ist nicht Voraussetzung sondern Folge der qu. sublimen Vision, ein pädagogisches Zuchtmittel in der Hand Gottes, um den hochbegnadeten Apostel in der Demuth zu erhalten. Wäre der „Pfahl im Fleisch" Bedingung, nothwendiges Substrat für die Visionen!, Paulus würde nicht so ernstlich um seine Wegnahme geflehet haben, denn dadurch hätte er sich ja künftiger Offenbarungen beraubt. Es handelt sich hier jedenfalls, nicht um ein blos auf visionäre Zustände bezügliches, sondern um ein fortgehendes, schmerzliches, die Wirksamkeit des Apostels hemmendes leibliches Leiden, dessen Qualität näher zu bestimmen die Exegeten aber nicht in der Lage sind. Ein somatisches Substrat für subjective Visionen ist es aber in keinem Falle.

griffen aus der transcendenten Welt? Läßt sich aber die Behauptung der kritischen Theologie von der Unterscheidungsunfähigkeit Pauli zwischen subjectiver und objectiver Wirklichkeit bei einer himmlischen Erscheinung nicht aufrecht erhalten, so ist das Hauptglied aus der Schlußkette genommen, welche die damascenische Christophanie als eine bloß subjective Vision begreiflich machen soll. In der That es ist zuletzt eine Undenkbarkeit, daß ein Paulus, ein Mann, welchem von Christo abgesehen, an weltgeschichtlicher Bedeutung kein andrer Mensch gleichkommt, auf dessen Arbeit der Bestand der christlichen Welt beruht, von dessen eminenter dialectischer Begabung und durchdringender Verstandesschärfe seine Briefe das beredteste Zeugniß ablegen, daß er sich getäuscht habe — nicht etwa in irgend einem untergeordneten Punkte, sondern in dem Ereignisse, auf welchem sein ganzes persönliches Christenthum wie seine gesammte apostolische Wirksamkeit beruhte, getäuscht habe in dem Glauben über die Beschaffenheit der Christuserscheinung, die seine Bekehrung bewirkt, die großartigste Bekehrung, die die christliche Kirche je erlebt, daß er zwar fest geglaubt habe Christum zu sehen, dieser Glaube aber, obgleich die Mutter seines neuen Lebens, der größte Irrthum dieses Lebens gewesen!

Damit gelangen wir endlich zum letzten Punkte, nämlich daß eine Vision noch dazu eine blos subjective Vision dieselbe Wirkung gehabt haben soll, welche das von der Apostelgeschichte berichtete Ereigniß notorisch gehabt hat.

Wie Baur in Bezug auf die Auferstehung überhaupt die Behauptung aufstellt: „was die Auferstehung an sich ist, liegt außerhalb des Kreises der geschichtlichen Untersuchung. Die geschichtliche Betrachtung hat sich nur daran zu halten, daß die Auferstehung Jesu für den Glauben der Jünger zur festesten und unumstößlichsten Gewißheit geworden ist. In diesem Glauben hat erst das Christenthum den festen Grund seiner geschichtlichen Entwickelung gewonnen. Was für die Geschichte die nothwendige Voraussetzung für alles folgende ist, ist nicht sowohl das faktische der Auferstehung Jesu selbst als vielmehr der Glaube an dasselbe"[1]) — so findet man es auch in Bezug auf die Christuserscheinung Pauli und alle die Wirkungen, die sie gehabt genügend, constatirt zu haben, daß ihre objektive Wirklichkeit ihm subjektiv gewiß gewesen, d. h. daß er an sie geglaubt habe. Nun wie Holsten (p. 125) erklärt: „Man darf es nicht müde werden zu wiederholen: nur der Glaube an die Predigt der Apostel nicht die Objektivität der Thatsachen selbst war für die Tradition nothwendig ꝛc." — so wollen auch wir an dieser Unermüdlichkeit uns ein Exempel nehmen und nicht aufhören unsre Bedenken zu äußern daß ein Fictum so anders es nur geglaubt wird, dieselbe Wirkung ausüben soll wie ein Factum, das objektive Wirklichkeit besitzt.

Abgesehen davon, daß der Glaube auch des Paulus, dieser bestimmte Glaube, wie er in sämmtlichen Briefen des Apostels in Uebereinstimmung mit seinen Reden in der Ap. Gesch. uns entgegentritt, nämlich der Glaube an die Auferstehung des am Kreuz gestorbenen Jesus aus dem Grabe nur auf Grund von einer thatsächlichen Erscheinung dieses Jesus hat entstehen können, daß die Visionshypothese nicht nur bei Baur sondern selbst bei

---

[1]) Kirchengesch. der drei ersten Jahrh. p. 43 f.

Holsten uns also den Erklärungsgrund für die Entstehung dieses Glaubens schuldig bleibt — sie rechnet auch mit einem nicht richtigen Begriff des Glaubens indem sie nicht unterscheidet zwischen der fides qua und der fides quae creditur und der bloßen subjektiven Ueberzeugung — bei der die objektive Wirklichkeit des geglaubten Gegenstandes ganz indifferent — die Machtwirkung zuschreibt, welche schrift= und erfahrungsgemäß der objektive Gegenstand hat, welcher von dem Glauben des Subjekts ergriffen wird. Ohne Zweifel übt das Objekt des Glaubens seine Kraft auf das Subjekt erst aus, wenn dieses selbst gläubig d. h. von der Wahrheit des Glaubensobjekts lebendig durchdrungen ist, aber die eigentliche δύναμις, welche zur Erweckung, zur Bekehrung, zur Heiligung wirkt, liegt nicht in der subjektiven Ueberzeugung sondern in der objektiven Heilsthatsache, deren Lebensmächte nur erst in Wirksamkeit treten, sobald das Subjekt sie mit der fides qua creditur ergreift. Diese Wahrheit verkennen heißt das ganze Evangelium Pauli mißverstehen. Nach dem Zeugniß des Apostels ist es Christus selbst der ihn mächtig macht, durch den er alles vermag, ist es die Gnade Gottes, durch die er geworden, was er ist, ist es das Evangelium von Christo, das sich als eine δύναμις ϑεοῦ erwiesen zu seiner σωτηρία — nicht sein subjektiver Glaube, so lebendige Ueberzeugung dieser auch war. Gewiß ist ja die subjektive Ueberzeugung besonders in Verbindung mit einem hohen Maße von Willensenergie schon an sich eine nicht zu unterschätzende Macht — aber dauernde, tief greifende, Menschen umgestaltende, Leben erzeugende, Welt reformirende Kräfte wird sie überall doch nur soweit in Bewegung setzen, als sie auf objektive Wahrheitsprincipien sich gründet. Sind das aber Sätze von unbestreitbarer Richtigkeit, ruht insonderheit die Machtwirkung des Christenthums nicht auf der subjektiven Wahrheitsüberzeugung, sondern auf der objektiven Wahrheit selbst, so ist es unmöglich, daß eine objektive Unwahrheit, d. h. eine bloße subjektive Vision die Macht gehabt hätte durch die Umwandlung eines Saulus in einen Paulus Christo einen Apostel zu schaffen, der nicht blos für kurze Zeit, sondern bis zum Märtyrertode ihm mit einer bewundernswürdigen Treue und einem solchen Erfolge gedient, daß für die Evangelisirung der alten Heidenwelt der unerschütterliche Grund gelegt war. Wir wollen nicht wiederholen was schon früher bemerkt wurde, daß es eine mit den ewigen Principien der sittlichen Weltordnung streitende Annahme ist, der Gott der Wahrheit habe auf den Glauben an Fictionen, also auf objektive Unwahrheit, den gesammten Bau der christlichen Kirche gegründet und sich zu demselben des Zeugnisses von ψευδομάρτυρες — im objektiven Sinne — bedient; es ist genug zur Widerlegung der Annahme der kritischen Theologie auf das Unverhältniß von Ursach und Wirkung hinzuweisen und zu constatiren, daß man nirgends Trauben von den Dornen noch Feigen von den Disteln liest, und daß es ohne das Eingreifen einer allmächtigen Gottesthat immer bei dem Erfahrungssatze sein Bewenden haben wird: „aus nichts wird nichts". Hätte sich Pauli Bekehrung statt auf eine objektive Erscheinung des auferstandenen Christus auf eine bloße subjektive Vision, also statt auf ein Factum auf ein Fictum gegründet, so wäre sie ein Haus auf Sand gebaut gewesen und diesem unsichern Bau würde es gegangen sein nach dem bekannten Prognosticon, das der Herr allen solchen Bauten gestellt hat (Matth. 7, 26 f.): es wäre über kurz oder lang zusammengestürzt. An den Früchten erkennt man den Baum und „wie der Baum so der Keim". Die außerordentlichen Wirkungen dieser außerordentlichen Bekehrung erfordern nothwendig eine außerordentliche Ursache. Alle Erklärungs=versuche, welche die objektive Wirklichkeit der in Uebereinstimmung mit der Ap. Gsch. von Paulus selbst bezeugten Christuserscheinung eliminiren, suchen vergeblich einen Ersatz für diese außerordentliche Thatsache. So viel Scharfsinn sie auch aufwenden — sie vermögen weder durch eine psychologisch=dialectische Analyse noch durch eine künstlich gemachte Exegese den Defekt zu verbergen, der als Resultat ihrer Rechnung bleibt, und so lange an die Stelle dieses restirenden unbekannten X nicht eine benannte Größe gesetzt wird, welche wirklich alle Schwierigkeiten löst ohne eine Dazwischenkunft Christi, so lange muß die biblische Berichterstattung auch als wissenschaftlich unwiderlegt und daher zu Recht bestehend angesehen werden und darf keine Kritik es wagen, den Glauben an ihre Wahrheit als einen unwissenschaftlichen Standpunkt zu bezeichnen.

Wir sind am Schlusse auch des zweiten Theiles unsrer Untersuchung. Nach der so scharfsinnigen Holstenschen Erklärung, die auf das in der biblischen Anschauung befangene Bewußtsein Pauli selbst die Verwechselung von subjektiver und objektiver Wirklichkeit zurück zu führen und die Entstehung der — bloß subjektiven — Vision durch die Analyse eines psychologisch dialektischen Prozesses begreiflich zu machen sucht, scheint der Weg der natürlichen Erklärungen an sein Ende gelangt zu sein. Wir können also, da eine Prüfung auch dieser Erklärung die Glaubwürdigkeit des biblischen Berichts lediglich bestätigt, die objektive Wirklichkeit der damascenischen Christophanie als erwiesen ansehen und dazu übergehen, diejenigen Consequenzen zu ziehen, welche sich aus ihr mit Nothwendigkeit ergeben, Consequenzen die von so eminent apologetischer Kraft sind, daß sie als eine Apologie des gesammten Christenthums bezeichnet werden müssen.

Ist Christus dem Paulus wirklich erschienen, so ist zunächst die Realität der Auferstehung außer allen Zweifel gesetzt. Was die Kritik verlangt, daß der Auferstandene auch außerhalb des Kreises seiner Jünger, daß er sich einem seiner Feinde zeigen solle, das ist in der That geschehen. Paulus stand dem Kreise der Jünger nicht nur fern, er stand ihm höchst feindlich gegenüber und verfolgte die Gläubigen bis in den Tod. Und dieser Verfolger Jesu Christi hat eine Erscheinung des Auferstandenen gehabt! Die kühnste Forderung des Unglaubens kann keinen handgreiflicheren Beweis für die objektive Realität der Auferstehung verlangen, als er in der damascenischen Christophanie ihr geliefert wird. Wenn nun diesem Beweise gegenüber die Kritik dennoch die Waffen nicht streckt sondern fortfährt zu behaupten: „wir haben auch in dem Zeugnisse des Paulus nur Zeugnisse aus dem Kreise der Jünger, nicht eins aus einem subjektiv unbetheiligten Kreise von Menschen der damaligen Zeit, bei denen die Annahme einer Vision unmöglich wäre, weil sie nicht unter Macht jener tiefen Aufregung des Geistes= und Gemüthslebens standen, welche die Jünger beim Tode und unmittelbar nach dem Tode Jesu durchzitterte; und dies Zeugniß des Paulus gründet die objektive Wirklichkeit der Wiedererscheinung einzig und allein auf ein subjektives Schauen, wenn auch mit den leibhaftigen Augen, nicht aber auf eine Handlung des wieder erschienenen Christus, durch welche er irgend eine beglaubigte Veränderung in der objektiven Welt der Wirklichkeit und ihrer Verhältnisse hervorgerufen, von welcher aus wir auf eine wirkliche Persönlichkeit von Fleisch und Blut schließen müßten. Das wären historisch sichre Zeugnisse, wie die historische Forschung und Kritik sie verlangen muß, deren volle Bedeutung klar wird, wenn man sich nur die immer nicht genügend beantwortete Frage wieder vorlegt: „Warum, wenn der als Lügenprophet von den Juden Gekreuzigte in leibhafter Wirklichkeit auf Erden wieder erschien, warum trat er nicht nach seiner Auferstehung vor das Volk, vor den hohen Rath, um diesen durch seine Wiedererscheinung seine Messianität zu beweisen?"[1] — so muß man diese Apostrophe als höchst seltsam bezeichnen und lebhaft an das Werk erinnert werden: „glauben sie Mosen und den Propheten nicht, so werden sie auch nicht glauben, wenn einer von den Todten auferstünde!" Wie? das Zeugniß Pauli nicht das Zeugniß eines früher außerhalb des Jüngerkreises stehenden und von der Aufregung der Gläubigen unmittelbar nach dem Tode Jesu unberührten Mannes? Was für einen Zeugen der Auferstehung aus den subjektiv unbetheiligten Kreisen verlangt denn die Kritik: Etwa einen solchen, der durch eine Erscheinung des Auferstandenen kein Jünger wird? Und wenn sie einen soweit Unbetheiligten fände, würde sie nicht wiederum sagen, es muß doch nichts mit dieser Erscheinung gewesen sein, denn sie hat keinen Einfluß auf den Mann ausgeübt? Verlangt denn die Kritik als Beweis für die Objektivität der Wiedererscheinung nicht eine beglaubigte Veränderung, die durch sie bewirkt worden? Und nun die Christuserscheinung den Paulus bekehrt und zu den größten aller Apostel gemacht hat, beruht dennoch das Zeugniß dieses früheren „Lästerers, Schmähers und Verfolgers" nicht auf einer Handlung des erschienenen Christus, durch welche eine beglaubigte Veränderung hervorgerufen ist! Ist die Bekehrung Pauli denn keine objektiv wirkliche Veränderung oder diese Veränderung eben nicht beglaubigt? Es ist nicht noth uns auf die Frage einzulassen, warum der Auferstandene nicht allem Volk, nicht der Versammlung des hohen Raths erschienen — die Sache hat ihre guten Gründe und würde es vermuthlich diesem Beweise ergangen sein wie es so vielen Beweisen heutzutage bei den Vorurtheilsvollen unter den Kritikern ergeht: der Unglaube würde neue Vorwände gefunden haben ihn zu entkräften — er ist ja einem seiner Feinde, der noch dazu in sehr nahen Beziehungen zum Synedrio stand, wirklich erschienen und das Zeugniß desselben von dieser Erscheinung stützt und legitimirt sich durch die großartigste und folgenreichste Bekehrung, die je stattgefunden, damit ist ohne Zweifel alle Gerechtigkeit erfüllt und stellt die Kritik sich mit solchem Beweise dennoch nicht zufrieden, so legt sie eben eine Tendenz an den Tag, gegen welche mit Gründen nichts auszurichten ist.

Nun ist die Auferstehung das Centralwunder des Neuen Testamentes (1 Cor. 15, 14 ff.), wie auch die Gegner ihrer Realität, die Vertreter des Standpunktes der reinen Immanenz durchaus zugeben. Ist aber diese Centralthatsache der evangelischen Geschichte durch die Erscheinung Christi vor einem seiner heftigsten Gegner als eine objektive Realität zweifellos erwiesen, so ergeben sich aus ihr mit immanenter Nothwendigkeit die entscheidendsten Schlüsse zunächst für das Werk und die Person Christi.

---
[1] Holsten a. a. O. „die Messiasvision des Petrus" p. 124.

Zunächst für sein Werk. In der nächsten Beziehung zur Auferstehung steht der Kreuzestod. Ist Christus wahrhaftig auferstanden, so hört dieser Tod nicht nur auf ein Aergerniß und eine Zerstörung der Erlösungshoffnungen zu sein, er erscheint auch nicht bloß als ein tragisches Martyrium und eine Bestätigung der Lehre dessen, der ihn erlitt — sondern er muß begriffen werden als ein nothwendiger, teleologischer Akt des göttlichen Heilswillens, als eine freiwillige That der ewigen Liebe, als ein stellvertretendes Sühnopfer für die Sünde der Welt, als die wesenhaft zu Stande gebrachte Erlösung und die Versöhnung der Menschheit mit Gott. Denn — ist der Gekreuzigte auferstanden, so kann sein Tod unmöglich etwas Zufälliges, unmöglich ein bloßer Triumph der Bosheit der Feinde, unmöglich ein bedeutungsloses Sterben gewesen sein; er, der von des Todes Gewalt nicht gehalten werden konnte, brauchte nicht zu sterben, niemand konnte sein Leben von ihm nehmen und wenn ers doch hingab, so mußte diese Hingabe ein Akt höchster Freiwilligkeit gewesen sein, der sich nur begreiflich finden läßt, wenn er einen Zweck und zwar den denkbar höchsten Zweck hatte. Dieser höchste Zweck kann aber nur gefunden werden im Zusammenhange mit dem gesammten Erlösungswerke, das auszurichten Jesus in diese Welt gekommen war. Starb der durch seine Auferstehung legitimirte Messias, so war offenbar, daß seine Lehre, daß auch das Beispiel seines heiligen Lebens nicht hinreichte eine Erlösung zu Stande zu bringen, so mußte er leiden und sterben, mußte als Hoherpriester sich selbst opfern, um eine wahrhaftige und ewige Erlösung zu erfinden. Warum aber dieses Muß, diese Nothwendigkeit einer doch freien hohenpriesterlichen That? Nicht nur um der Welt den höchsten Beweis seiner Liebe, sondern auch um durch das Opfer seines Lebens ein Lösegeld für die Sünde zu geben, die in ihrer Ungesühntheit Mensch und Gott von einander schied. Der Tod Jesu ist ebenso die vollkommene Offenbarung von der Sünde und Schuld der Welt, wie von der Gerechtigkeit und Erbarmung Gottes, er ist die Vergeltung und die Vergebung der Sünde der Welt in Einem. — So folgt das rechte Verständniß des Todes Jesu mit Nothwendigkeit aus der Auferstehung, die ebenso die göttliche Erklärung wie Versieglung der Charfreitagsthat ist. Wird die Auferstehung geleugnet, so fällt auch die sühnende und versöhnende Kraft des Kreuzestodes dahin, und wird die Auferstehung als eine reale Thatsache geglaubt, so enthüllt sie heute noch wie bei den Elfen und bei Paulus das Geheimniß des Kreuzes.

Mit dem aus der Auferstehung sich ergebenden rechten Verständniß des Kreuzestodes Jesu ist aber weiter der Schlüssel zu seinem ganzen Heilswerke gegeben. Hat der Tod Jesu eine stellvertretende Bedeutung und sühnende Kraft, ist er die Vollendung der Erlösungsthat und so als ein zweckvoller und darum nothwendiger Akt des göttlichen Heilswillens begriffen, so ist nicht nur die Niedrigkeitsgestalt, die der im Fleische wandelnde Erlöser getragen, nicht nur das sündlos-heilige Leben, das er geführt, nicht nur die Lehre vom Reiche Gottes, die er gegeben, nicht nur die göttliche Wahrheit der Schrift, die von ihm geweissagt, nicht nur die pädagogische Oekonomie der Geschichte die auf ihn abzielte, in das hellste Licht gestellt, sondern der gesammte Heilsweg ist klar gelegt: der einer Vergebung seiner Schuld bedürftige Sünder kann nur gerettet werden, wenn er durch den Glauben an den für ihn sich selbst geopferten Hohenpriester die Liebes-, Lebens-, Gnaden- und Heiligungskräfte sich aneignet, die in seinem Tode liegen, wenn er die Gerechtigkeit Gottes, die sich nach allen ihren Seiten hin im Leben wie im Tode Jesu geoffenbaret hat, sich mittheilen läßt und in ihrer Kraft als ein Thäter der Lehre Jesu in der Nachfolge seines heiligen Lebens wandelt.

Ist der Gekreuzigte auferstanden, so ist auch die Frage über seine Person zur definitiven Entscheidung gebracht. Es ist nur der Beweis einer logisch correcten Schlußfolge wenn Thomas, von der Realität der Auferstehung festiglich überzeugt, den Auferstandenen seinen Gott und Herrn nennt. Durch die Auferstehung von den Todten ist Jesus der Gekreuzigte unwiderleglich als Christus der Sohn des lebendigen Gottes erwiesen. Alle Zweifel, die sich gegen die wesentliche Gottheit Jesu erheben ließen auf Grund seines Wandels in der Fleischesniedrigkeit, sind durch die Osterthat überwunden. Sie ist das Zeichen, durch welches aller Welt offenkundig geworden, wer und woher der Mann gewesen, der sich ihr zum Erlöser gegeben. Die wichtigste Glaubensfrage: „was dünket euch um Christo, weß Sohn ist er?" hat also aufgehört eine offene zu sein — der den gekreuzigten Jesum von den Todten auferweckt hat, hat sie beantwortet durch eine That, die jede Zweideutigkeit in der Lehre über seine Gottessohnschaft ausschließt. Der Schluß von der Auferstehung auf die wesentliche Gottheit Jesu ist so einfach und so zwingend, daß es überflüssig ist, seine logische Richtigkeit noch weiter zu erweisen.

Die apologetischen Consequenzen aus der Realität der Paulinischen Christophanie gehen aber noch weit über die Soterologie und Christologie hinaus. Ist der auferstandene Christus dem Paulus in Wirklichkeit erschienen, so geht ein solcher Riß durch die Weltanschauung der kritischen Theologie, daß ihr Axiom von der reinen Immanenz, d. h. von der Entwicklung durch bloße innerweltliche Causalitäten auch auf dem Gebiete der göttlichen Heilsgeschichte, zusammenbricht. Es ist durch eine folgenschwere Thatsache ein Akt der Transcendenz, ein unmittelbares Eingreifen aus der jenseitigen Welt erwiesen. Nicht a priori sondern a posteriori, nicht als Voraussetzung für unsre Untersuchung sondern als Folgerung aus ihr, nicht auf Grund eines dogmatischen Urtheils sondern als Resultat einer unbefangenen, historischen Beweisführung hat sich uns diese Transcendenz ergeben. Paulus, der Christo entfremdete Verfolger seiner Gemeinde hat eine objektiv-reale Erscheinung des Auferstandenen gehabt und ist durch sie in seinen größten Jünger und Apostel umgewandelt — daraus folgt, daß es nicht nur eine wesenhafte Welt der Transcendenz giebt, sondern daß die Kräfte dieser transcendneten Welt auch eingreifen in die Entwicklung der diesseitigen Welt, daß also das Wunder eine Wirklichkeit ist. Allerdings ist durch das Eingreifen der Transcendenz bei der Bekehrung Pauli zunächst nur die Wirklichkeit Eines Wunders constatirt, aber mit der geschichtlichen Gewißheit dieses Einen Wunders ist die dogmatische Frage über das Wunder im Princip entschieden. Angesichts der Einen Thatsache, daß der Auferstandene dem Paulus wirklich erschienen, kann die Möglichkeit des Wunders nicht mehr in Zweifel gezogen werden und ist die Selbstgewißheit des modernen Bewußtseins von der Entwicklung ohne Wunder erschüttert. Berichtet uns die heilige Geschichte von dem Geschehen eines Wunders, so liegt fortan die Frage also, daß nicht **a priori** behauptet werden darf, der Bericht ist ungeschichtlich, denn das Wunder ist unmöglich, sondern daß untersucht werden muß, ob das wunderbare Ereigniß glaubwürdig bezeugt, der göttlichen Keuschheit gemäß und durch innere Wahrheit legitimirt ist; muß eine unbefange Kritik diese Momente bejahen, so hat sie das Wunder als geschichtliche Thatsache anzuerkennen. So ist also die damascenische Christuserscheinung in der That „ein Bollwerk der Transcendenz", freilich weder das einzige noch das „letzte", wie die Kritik voreilig triumphirend behauptet, aber jedenfalls ein solches, das schon ganz allein hinreicht alle Angriffe seitens der Immanenz zu Schanden zu machen und die Wahrheit der biblischen Transcendenz als auf einen Fels gegründet zu erweisen.

Unsre Apologie muß aber noch eine andre, mehr **praktische** Richtung nehmen. Zu den **dogmatischen** Consequenzen, die sich mit logischer Nothwendigkeit aus der Christuserscheinung des Paulus ergeben, kommen nämlich noch Consequenzen mehr **ethischer** Art, die aber als „**Geistes- und Kraftbeweise**" keineswegs von geringerem Werth und Gewicht sind als die zuerst gezogenen.

Es ist schon früher darauf hingewiesen worden, daß Paulus selbst mehr als Ein Mal von der Geschichte seiner Bekehrung einen apologetischen Gebrauch macht (act. 22 u. 26). Obgleich selbst ein scharfer Logiker und Dialectiker, weiß der an praktischer Lebensweisheit ebenso reiche Apostel, daß die apostolische Kraft weniger in den logisch-dialectischen Beweisen liegt, die sich wesentlich an den Verstand wenden als in den geschichtlichen Thatbeweisen, die mit mehr unmittelbarer Gewalt überzeugend auf das Gemüth wirken. Wenn er daher vor ungläubigen und ihm ungünstigen Zuhörern die Geschichte seiner Bekehrung erzählt, so thut er das nicht blos in der Absicht, daß er diese Bekehrung oder sich selbst wegen seiner Bekehrung rechtfertige, sondern wesentlich, damit seine Zuhörer durch die Thatsache der Umänderung eines übereifrigen Pharisäers und Verfolgers in einen bis zum Tode treuen Jünger und Zeugen Christi einen mächtigen Eindruck von der Gotteskraft des Evangeliums und auf Grund dieser Gotteskraft von seiner Wahrheit bekommen. Paulus bedient sich der Geschichte seiner Bekehrung zu einer **Apologie des Christenthums**. Schlagender als durch den Hinweis auf das Einst und Jetzt in seinem eignen Leben kann er die durch ihre Gotteskraft sich legitimirende Wahrheit des Evangeliums gar nicht beweisen. Die **Kraftwirkungen** des Evangeliums sind überhaupt bis auf diesen Tag die besten Beweise für seine göttliche Wahrheit. „**Ihr** werdet meine **Zeugen sein**" hat der scheidende Christus zu seinen versammelten Jüngern gesagt. In der inhaltsreichen Fülle dieses kurzen Ausspruchs liegt jedenfalls auch **der** Gedanke: das Hauptzeugniß, welches für Mich und meine Sache abgelegt wird, liegt in der **Person**, liegt in dem **Leben**, liegt in den **Werken meiner Jünger**. Die aus der Feindschaft wider das Evangelium, aus der Macht der Sünde und des Unglaubens herausgeretteten, mit Leben aus Gott erfüllten und in der Kraft dieses Lebens in Gerechtigkeit und Heiligung wandelnden **Christen** — **die sind die lebendigen Beweise für die Wahrheit des Evangeliums, die unwiderleglichen Apologeten des Christenthums.** Gegen die Apologie der **Kraft**, welche sie durch die **That** führen, sind alle Waffen einer feindseligen Kritik stumpf und alle logisch-mathematischen Argumentationen ohnmächtig. In der Umänderung die mit diesen Leuten vorgegangen, in dem geheiligten Leben, das sie führen, in der Arbeit der Liebe, die sie üben, offenbart sich eine geheime **Kraft**, die ihnen durch nichts anders als durch das

Evangelium mitgetheilt sein kann, und dieses sich als solche Lebenskraft legitimirende Evangelium muß Wahrheit sein. Bleiben wir indeß bei der Bekehrungsgeschichte Pauli stehen. In ihr hat sich das Evangelium in der großartigsten Weise als eine Kraft bewiesen. Die Christuserscheinung, die dem Paulus zu Theil wurde, hat einen völlig andern Menschen aus ihm gemacht, sie hat nicht bloß eine Umgestaltung seiner Meinungen, sondern seines Herzens und Lebens bewirkt. Constatiren wir zunächst diese mächtige Kraftwirkung einfach als Thatsache, so liefert sie eine Apologie des Christenthums als einer Kraft Gottes zur Seligkeit (Röm. 1, 16. 1 Cor. 1, 18 ꝛc.), als eines neuen Lebensprincips, (Joh. 3, 15 f. 36. 20, 31. 1 Joh. 5, 11 ff.) im Gegensatz zu den ungenügenden Vorstellungen, daß es eine Lehre, eine Moral ꝛc. sei. Aber wir müssen noch einen Schritt weiter gehen.

Woher diese Kraftwirkung und Lebensmacht? Die kritische Theologie antwortet: sie liegt in dem subjektiven Glauben allein. Paulus hat geglaubt Christum zu sehen und nichts anderes als dieser subjektive Glaube wurde die ihn umändernde Macht. Nun kann es uns natürlich nicht in den Sinn kommen, den Antheil, den der subjektive Glaube an der Bekehrung Pauli gehabt hat und den er an jeder Bekehrung hat, in Abrede zu stellen. Das Evangelium wird in der That nur zu Kraft und Leben für die welche an dasselbe glauben, aber — man darf nicht müde werden dies zu wiederholen — nicht der Glaube an sich, sondern nur das Objekt des Glaubens, kann die Lebensmacht enthalten, die so große Dinge thut; der Glaube des Subjekts setzt diese Lebensmacht nur in Bewegung, eignet sie sich an, legt sie als einen Lebenssamen in das eigne Herz. Uebt der subjektive Glaube eine Kraftwirkung aus, theilt er Leben mit, bringt er eine Gerechtigkeit und Heiligung zu Stande, was die kritische Theologie, da es durch Thatsachen tausendfach erwiesen ist, nicht leugnet, so kann er das nur unter der Voraussetzung, daß das Objektive, welches seinen Inhalt bildet, wirklich Kraft und Leben enthält, denn nur Leben kann Leben geben, nur Kraft kann Kraft üben. Enthält dieses Objektive aber Kraft und Leben, so kann es unmöglich ein Phantom, eine Täuschung, sondern es muß etwas Reales, Wesenhaftes, Wahrhaftiges sein.

Es ist schon eine sehr acceptable Concession, welche die kritische Theologie macht, wenn sie dem subjektiven Glauben eine solche Lebenskraft zuerkennt, daß er Umwandlungen wie die aus einem Saulus in einen Paulus bewirkt. So viel ist zweifellos: daß dieser Paulus nie geboren sein würde, wenn er statt den biblischen Glauben anzunehmen, die Weltanschauung der Kritik zu der seinen gemacht hätte. Der Glaube dieser modernen Theologie — wenn anders man überhaupt ihre „Selbstgewißheit" noch also nennen dürfte — hat keine der des Paulus ähnliche Bekehrungen aufzuweisen, er ist — ein philosophisches System aber kein Leben, eine Phrase aber keine Kraft. Und woher die Ohnmacht dieser Art von subjektivem Glauben? Wenn doch der Glaube an sich, abgesehen von seinem Inhalte, die Bekehrungen wirkende Kraft enthält, warum wirkt er denn keine lebendigen Christen nach Art des Apostels Paulus? Nach der Behauptung der kritischen Theologie war der Inhalt des subjektiven Glaubens Pauli ein objektiv falscher, sollte man nun nicht meinen, daß nach Beseitigung dieser objektiven Unwahrheit der mit einem objektiv wahren Inhalte erfüllte Glaube erst recht große Dinge thun müßte? Und wenn er nun erfahrungsmäßig diese großen Dinge dennoch nicht thut, woher seine Ohnmacht? Offenbar aus keinem andern Grunde als weil dieser Glaube — eine leere Phrase ist, weil ihm der Inhalt fehlt. Also: mit logischer Unerbittlichkeit ergiebt sich die Consequenz, daß die Kraft des Glaubens ihren letzten Grund nicht in der subjektiven Ueberzeugung, sondern in dem Objekte hat, an das er sich hält.

Aber, wird die kritische Theologie einwenden, das leugnen wir eigentlich nicht; wir leugnen die objektive Wahrheit des Glaubensinhaltes, aber daß das Glaubensobjekt die eigentliche Kraftwirkung ausgeübt hat, das gestehen wir zu, nur behaupten wir, diese Kraftwirkung liege nicht für die objektive, sondern bloß für die subjektive Betrachtung in diesem Glaubensobjekte, sie sei ausgeübt worden einzig und allein, weil Paulus von der Wahrheit seines — an sich falschen — Glaubensobjekts subjektiv aufs festeste überzeugt gewesen. Lassen wir die Sophistik dieser feinen Distinction gänzlich außer Betracht, und acceptiren abermals die Concession der Vertreter der reinen Immanenz, so hat also das Objekt des Glaubens Pauli nicht nur etwas Großes, sondern was mehr ist etwas Gutes bewirkt, was nicht bewirkt worden wäre, wenn der Paulinische Glaube diesen Inhalt nicht gehabt hätte. Es ist demnach wenigstens die eingebildete Objektivität des Glaubensinhaltes nothwendig um religiös-sittliche Kraftwirkungen zu Stande zu bringen. Uns will bedünken daß sich jetzt mit sittlicher Unerbittlichkeit die Consequenz ergiebt, daß dieses Glaubensobjekt dann auch einen objektiv wahren Inhalt haben muß, denn es ist eine sittliche Unmöglichkeit, daß sittlich gute Wirkungen sittlich verwerfliche Ursachen haben können, ja in unserm speciellen Falle zuletzt haben müssen, eine solche würde aber vorhanden gewesen sein, wenn bei der Christuserscheinung eine Täuschung obgewaltet hätte.

Hiermit ist aber ein weittragender apologetischer Nachweis geliefert. Was in Bezug auf die Christuserscheinung vor Damaskus gilt, das gilt von den Thatsachen überhaupt, die den Inhalt des Evangeliums bilden. Weil der Glaube an sie sich bis auf diesen Tag als eine Kraft Gottes erweist, so müssen diese Thatsachen selbst objektive Realitäten und als solche göttliche Wahrheit sein, denn es ist eben so sehr eine logische Undenkbarkeit wie eine sittliche Unmöglichkeit, daß göttliches Leben seine Quelle in einer subjektiven Ueberzeugung haben kann, deren Inhalt doch ein objektiv unwahrer ist.

Wir sehen also diese Thatsachen sind unentbehrlich gerade für das christliche Leben, die Ethik bedarf ihrer noch mehr als die Dogmatik und das eben macht die Bekehrung Pauli zu einer Apologie des ganzen Christenthums, daß sie den unauflöslichen Zusammenhang zwischen christlicher Dogmatik und Ethik, zwischen dem Inhalte des Glaubens und der Kraft des sittlichen Lebens darthut und den Beweis führt, daß die objektiven Heilsthatsachen, vom subjektiven Glauben lebendig erfaßt, ebenso nothwendig ethische Machtwirkungen zu ihren Consequenzen haben, wie diese ethischen Lebenserweisungen die geschichtlichen Thatsachen des Heils als ihre unerläßliche Voraussetzung brauchen.